JN250430

R35GT-R GT500 2017Model

著 柿元邦彦

三栄書房

はじめに

1966年封切りのフランス映画「男と女」は、フォード・マスタングでモンテカルロ・ラリー、フォードGT40でル・マン24時間に挑戦する男と、脚本家の女の物語である。テーマ曲として流れる甘美な〝ダバダバダ〟のメロディが、否応なくロマンをかきたててくれた。別れを経験した愛し合う主人公のふたりはお互いに独身ながら子供があり、青臭い学生の我輩にその恋の機微は知りようがなかった。しかしエキサイティングでスリリングな、そして華やかなモータースポーツの世界に強く憧れるきっかけとなった。そしてそれは我輩の半世紀に及ぶモータースポーツ人生につながった。

それは故郷の鹿児島大学に通うころに見た映画であったが、マスタングのロングノーズでショートデッキ、そしてボクシーなスタイリングは自分にとっての理想の乗用車のイメージと合致。「こういうクルマをイメージしていたのだ、自分がクルマを作るとすればこれだ！」と感動したことが、自分の将来と運命付けられたような気がしてならない。またこの映画でラリーやル・マン24時間といったモータースポーツの世界を知った。そこからこんな仕事がしたいと思うようになり、卒業後の進路希望を自動車メーカーに絞り込むこととなった。

モータースポーツは、我輩にとっては50年も付き合ってきた人生そのものである。日産自動車を選び就職試験に合格したのも、また就職後すぐにモータースポーツ用車両を開発する特殊車両実験部に配属されたのも希望どおりではあったものの、その部署にずっと在籍することはないと思っていた。大きな企業とはそういうものであると理解していた。しかし何の悪戯か分からないが、そのまま長くそこにとどまることとなった。一時は市販のセドリックやフィガロの開発や、シルビアの寒冷地試験などにも携わったが、常に何かの力が働いてモータースポーツ関連の開発に残ることとなった。その後も、ニスモ（ニッサン・モータースポーツ・インターナショナル）の常務を退任してスーパーバイザーとなるも、日産系チーム総監督を継続しながら東海大学工学部動力機械工学科の教授を兼務することとなった。総監督の職を降りてからは日産／ニスモのアンバサダーとしてスーパーGTシリーズに参戦する日産系チームを応援し、多くの方にもっとモータースポーツを好きになってもらいたいと思い活動を続けている。これはすべてが導かれたことであり、自分自身も人生の大切なことはモータースポーツから学んだと理解している。

我輩は日産自動車に入社してからずっと技術畑を歩んできて、報告書を書くことはあっても思ったことを文字にする機会はほとんどなかった。ところが10数年ほど前に、レース雑誌に好きなことを書いても良いというチャンスをもらい、新しいチャレンジが始まった。何年も苦労しながらもコラムを書かせていただいたことで、少しずつではあるが日頃考えていることを文字にすることができるようになった。また読んだ方々からの反響もあった。文字を書く楽しさを知ったのである。

我輩は日本経済新聞の「私の履歴書」という連載を愛読している。さまざまなジャンルのプロフェッショナルのやり方や生き方、人それぞれにストーリーがある。モータースポーツに携わって半世紀。自分のやり方や生き方をまとめてみたいと思ったのが、本書を記すことになった契機である。

半世紀がすべて順風満帆に進んだわけではない。成功もあれば失敗もあり葛藤やジレンマもあった。我輩がモータースポーツと歩んだ半世紀にはさまざまなことがあり、書きたいことは書いたつもりであるし、それを本書には散りばめられたのではないかと思う。モータースポーツに携わっている方やファンの方々に、興味を持って読んでいただける内容に仕上がっていればありがたい。また技術系の仕事に携わっている方々には、自分の仕事に置き換えて読んでいただきケーススタディとして何かのヒントになれば幸いである。もちろん偶然手に取って読んだことで、これをビジネルモデルのひとつとして自分の仕事に応用したり、さらにモータースポーツに興味を持つ方がひとりでも増えれば、本書を記した甲斐があるというものである。

柿元邦彦

contents

contents

第01章

自動車メーカーにとってのモータースポーツ

冒頭に記したようにフランス映画の影響を存分に受け、大学卒業にあたりなんとしてもモータースポーツに関わる仕事がしたいと考えていた。担当の恩師・末永勝郎教授に希望を伝えると、トヨタと日産のどちらでも推薦できると言われた。当時日産はサファリなどの国際ラリーに参戦していたし、やや都会的な雰囲気が感じられたので日産に決めた。

入社後3か月の全寮制の研修期間を経て7月に配属先が決まるが、我輩はもちろんモータースポーツの担当部署である中央研究所の特殊車両部への配属を狙っていた。ただ人気の部署であり競争率も高そうなので、事前に配属先希望書面を提出したものの、それに対する人事部面接を乗り切る自信がなかった。というのは、当時の我輩は「義を言うな（男は黙して語らず）」に価値観を見出す風土の薩摩で生まれ育ち口下手だったし、都会のファッションやトレンドは週刊「平凡パンチ」で垣間見てきた野暮な男であった。一方で同期入社の面々は皆口達者で身のこなしも洗練されていて、研修会や私的会合でもリーダーシップを発揮するので圧倒されてしまった。すっかり自信喪失したが、それを入社後すぐ気付いたのはラッキーだった。そこでさっそく人事部面接に向けて準備をすることにした。

心身のタフさを示すために申告する特技は空手道二段に絞り、少しでも即戦力としてアピールしたいので付け焼刃だったが英会話を特訓し、技術力を示すため大学時代の研究や教科書を見直した。配属希望の書面に記した事項のあらゆる想定問答を頭に入れて、配属先決定のための面接に臨んだ。どのようなやり取りをしたか全く記憶にないから、口下手ながらも鬼気迫る勢いでアピールしたのだと思う。

憧れの特殊車両部。配属初日に大目玉

控室で面接の順番を待っている時、ひとりの面接が終わり次の人が呼び込まれるまでの間隔を計っているとおよそ5分だった。ところが我輩の後は15分くらい空いたので、もともと会社が予定していた我輩の配属部署に変更があった、即ち希望が通ったという

直感を得て実際そのとおりになった。熱意で想いを実現するというささやかな最初の成功体験だった。これは後の東海大学教授時代の就職指導にも役立った。

　ところが配属先に赴任初日、後でいろいろお世話になり仲人までしてもらうことになる難波靖治さんにいきなりこっぴどく怒られてしまった。会議室で特殊車両部の平井啓介部長と難波課長に出迎えてもらった時、態度が大きくすべての所作が横柄にすら見える難波さんを「部長！」と呼んでしまったのだ。この職位の上下の逆は難波さんが怒るようなことではないはずだが、サファリラリーを題材とした石原裕次

2017年は日産／ニスモのアンバサダーを務める筆者。

郎主演の映画「栄光への5000キロ」のアフリカロケを仕切り、世間的にも名を知られた難波さんにしてみれば「俺の名前と顔を知らないのか！」というわけである。それから1年くらいまともに口を利いてもらえなかったし、いつも怒られていたので、将来に不安を抱えながら散々なスタートを切ったことになる。

これが1968年のことで、それから現在の日産／ニスモのアンバサダーに至る2017年まで、当時のことが夢か現か迷うようなモータースポーツどっぷりの生活を送ってきたことになる。

モータースポーツから離れたことはないけれども、仕事は技術担当（エンジン、シャシー）から始まり、マネージメント（ラリー&レース、会社運営）など、関わり方もその時々で違っていた。特に日本で一番人気のあるスーパーGTについては、その成り立ちや変遷、これからの行方にも深く関与し、長年日産系チームの総監督も務めてきた。そこで日産（スカイライン）GT-Rが主戦場としてきたスーパーGTや、ル・マン24時間を主なテーマとして、これらの経験で得た教訓めいたもの、あるいは反面教師でも良いし、これからモータースポーツを担う人達、或いは現在社会を懸命に生きている人達に多少は参考になれば願いつつ、筆を進めてみたい。

人間の本質的欲求に応えるモータースポーツ

クルマの運転そのものに喜びを感じて、競技に自ら参加して楽しむというグラスルーツの領域は後述することにして、我輩は自動車メーカーによるクルマの速さを競うモータースポーツに関わってきたので、ここではその視点でモータースポーツの意義を考えたい。

日経ビジネス誌のインタビューに応えてある企業経営者が「より早く、速くは、寿命という人生に限りのある人間の持つ、本質的な欲求である」と語っていた。物事は効率的により早く進め、動くものはより速くということである。在来線の特急「こだま」が新幹線に代わり「ひかり」、「のぞみ」と変遷し、リニアモーターカーがごく普通に生まれようとしているのも、人間の本質的な欲求からきている。

モータースポーツの場合は、耳と目、さらには鼻からもその本質的な欲求を刺激する。耳を刺激するのは競技車両の甲高いエキゾーストノートだけでなく、空気を切り裂く轟音もある。スタンドで観戦していれば競技車両を目で追うと左右に振る首が痛くなるほどのスピードであり、コースサイドで観戦していれば、目の焦点が追いつかないほどの減速と加速を競技車両はみせる。鼻腔を刺激するのはエンジンオイルが焼ける匂いとタイヤカスが燻される匂いである。そうした刺激が満ちた場でプロのドライバーが持てるテクニックを駆使して競い合うわけだから、モータースポーツは人間のより速くの欲求にダイレクトに応えてくれる。一方で高い速度を維持して走行すれば危険も隣り合わせであり、そのスリルを観客は味わう。他のスポーツ競技やアミューズメントパークでは得られない、代え難い魅力がある。

自動車メーカーにとっての意義

観戦するファンだけでなく、クルマを開発し走らせるスタッフも同じ臨場感に満たされる。しかしスタッフの仕事としてみた場合、過酷な現実が控えている。

クルマはA地点からB地点に快適・安全にできるだけ速く移動させるためのものであるから、モータースポーツはその狙いを究極的に訴求するものとなる。

従って自動車メーカーとしては、モータースポーツで自社のクルマが活躍することでその技術力の誇示や、イメージ向上ができるので積極的に取り組む必然性が生まれる。しかしそのためには活躍する、或いは好成績を残さないことには意味がないし、逆ならイメージを壊すことになるので、ライバルを凌駕する好成績を挙げなければならない。

だからライバルに負けたら次のレースまで限られた時間の中で挽回が必要である。華やかな雰囲気の陰で、スタッフには今ではブラックなイメージを持つ言葉であるが「悪戦苦闘」、「不眠不休」が強いられているのである。

では、好成績とは優勝だけなのか？

日本で一番高い山は富士山と誰もが答えられるが、2番目が南アルプス（赤石山脈）の北岳とはあまり知られていない。世界一高い山はエベレストであり、世界でもせいぜい2番目のK2までは何とか知られている。オリンピックでも金メダリストはいつまでも記憶に残っているが、銀メダルとなるとその出身国くらいで知られる程度だろう。

モータースポーツは技術力を誇示し、イメージアップを図るのが目的だから、これらの例えのように、皆の記憶に残る頂点を目指す訳で、優勝することが結果を出したことになる。しかし勝負事は実力だけでなく運不運も左右するし、気象の影響を受ける屋外イベントであるモータースポーツは、よりその傾向が強い。

従ってチャンスが来たらいつでも優勝できる実力・能力を備えていることが重要で、言い換えれば表彰台の常連であることが結果を残すことを意味する。

さまざまな経営判断の中でもとりわけ結果に厳しいカルロス・ゴーン氏（現　日産自動車会長）も、モータースポーツについてはその考え方を採っている。

歴史から学んだスーパーGTの工夫

現在日本で最も盛んで人気のあるレースカテゴリーであるスーパーGTは、勝者が次のレースでハンディキャップウェイトを背負うという、世界で初めてのルールを適用したカテゴリーである。最初、恣意(しい)的に性能調整するのはプロレス的で真のスポーツとは言えないなどと批判もあったが、今やさまざまな形でのハンディキャップ制が世界選手権でも採用されるようになっている。

あるカテゴリーができると最初は多くのクルマが参戦するが、徐々にその技術規則に最も適合したクルマが勝つようになり、勝てなくなったクルマは撤退に追い込まれ、レースの魅力がなくなり人気も落ちてそのカテゴリー自体が消滅に至る。これまでグループCやグループAなどが、だいたい10年ともたずに消滅した。

1980年代半ばから1992年まで日本で隆盛を極めていたスポーツプロトタイプカーによるグループCレースの場合、当初は海外の強豪ポルシェに日産やトヨタが挑み、それが日本のモータースポーツを大いに盛り上げていた。しかし90年代になると日産やトヨタがポルシェを凌駕するようになり、しまいには日産がシリーズ3連覇をするに至り1992年で終焉を迎えた。

同じ時期に箱型市販車によるグループAレースも盛んに行なわれていたが、スカイラインGT-R（4輪駆動のR32 GT-R）が90年のデビュー以来4年連続シリーズチャンピオンを制したためにこれも93年に終わった。

これらの例が示すように、負け続けているとそのメーカーやクルマのイメージダウンは避けられないから、撤退は至極当然のことである。それを避けるためには同じクルマが勝ち続けないことと、一方でスポーツとしての魅力を失わないことが肝要である。

F1は長い歴史を持つが、その秘訣は上記のような継続するための要件をクリアしているからである。例えば第2期ホンダのターボエンジンがF1の世界を席巻し始めたら、自然吸気エンジンに規則を変えホンダを抑え込んだように、あるチームやあるメーカー系のエンジンが勝利を重ねるようになると技術規則を変えて、状況を転換してきた。

スーパーGTの前身の全日本GT選手権（JGTC）も、今までの撤退の二の舞を犯さないように、同じクルマが勝ち続けないためにレース結果にウェイトハンディを課すシステムを採用した。そしてそのウェイトの増減も歴史的にいくつかの方法が試され、現在のシリーズ終盤に減ずる方式に至った。その結果ドライバーの力量やクルマの速さや強さだけでなく、チームの戦略も含む総合力でシリーズチャンピオンを競うことになり、最大の価値はチャンピオンを獲得することになった。

競争を活性化させる規則の妙味

多くのファンに魅力を感じてもらうには、コース上での追い越しや抜きつ抜かれつのバトルも大切である。スーパーGTでは最高速やコーナリングの速さの違うふたつのクラス（GT500とGT300）を同時に混走させることで、GT500にとってはGT300があちこちで走るシケインとなり、追い越しや抜きつ抜かれつだけでなく、接触やさまざまなドラマが生まれている。

F1でも追い越しは大きな課題で、前走車の1秒以内に接近したらDRS（ドラッグリダクションシステム＝人為的にドラッグを減らす方式）を使って追い越せるシステムを採用しているが、スーパーGTと違って人為的であるため賛否両論がある。

またスーパーGTはレース距離を250km、300km、500km、1000km（18年から800km）とし、2名1組のドライバーによる中距離耐久レースにすることで、ピットワークや戦略の妙味も勝利に影響し、時間的にもテレビ放映に適した長さになっている。

これらの基本的なコンセプトやピットワークの人数制限、ピットロード速度制限など画期的なアイデアは、プロモーターであるGTアソシエイション（GTA）初代事務局長の加治次郎（当時ニスモの企画課長を兼務）さんが発案採用し、現実化してきた。

そういうソフト面とは別に、他を凌駕する速いレーシングカーを造るという技術規則での工夫もなされている。競技であるから一定の条件のもとに競うことになるが、レーシングカーを開発するには莫大な費用が掛かるので、条件を決める技術規則の主眼はコスト抑制であり、開発領域に制限を掛け、許された一定の領域で競うコンセプトである。GT500クラスではドイツでメルセデスベンツやアウディ、BMWが参戦しているドイツツーリングカー選手権（DTM）と連携して、競っても意味のない或いはファンの眼から見えにくい部位は共通化するところまで踏み込んでいる。例えば消火器やギヤボックス、モノコック、床下部品などは日独で標準部品となっている。

一方で速さへの影響の大きいエンジンや空力、サスペンション、タイヤなどは一定の制限のもと開発競争が許されており、これがレース結果を大きく左右することになる。開発制限が競争を阻害しているとの誤解があるが、実際は限られた領域の開発競争が熾烈を極め、特にタイヤはブリヂストン、ヨコハマ、ダンロップ、そしてミシュランの4社が参戦し、世界で唯一と言っていいマルチブランドの戦いの場となっている。

これらのさまざまな工夫が多くの自動車メーカーの関心を呼ぶと同時に、ファンの人気に拍車をかけ、今やGT500クラスにはレクサスLC500、ホンダNSX‐GT、ニッサンGT-Rと各社を代表するクルマが参戦し、GT300クラスにはポルシェ、メルセデス、アウディ、BMW、ランボルギーニ、ベントレー等々高級ブランドが軒並み名を連ねるようになっている。

GT-Rとシルビアの2台で始まったJGTC

スーパーGTシリーズの前身である全日本GT選手権（JGTC）は、R32 GT-Rが勝ち続けたためにグループAレースが消滅した1993年にスタートしたが、参加車両はわずか2台であった。そこでGTアソシエイションが設立され翌年1994年から本格的なシリーズとなった。グループAレースは消滅してもそれに参戦していたR32 GT-Rが戦闘力を有したまま残っており、またポルシェやフェラーリといったワンメイクレースの車両や海外で活躍するGTマシン、そして消滅したグループAやグループC車両の部品や技術を流用したレーシングカーに戦いの場を提供しようと、前述した加治さんがコンセプトを固めて企画、発足させた。

1994年の開幕戦・鈴鹿は、GT1クラスとGT2クラス（当時のクラス名称。GT1がGT500、GT2がGT300と後に変更）合わせて18台でスタートして、その後紆余曲折あったが、現在のＧＴＡ代表・坂東正明さんの努力と相まって、参戦台数45台前後を誇るビッグレースに成長した。

　こけら落としの18台のうち６台がＲ32ＧＴ‐Ｒ（Ｎ１仕様の１台を含む）で、スープラが２台（Ｎ１仕様。本格的なＧＴ仕様は第４戦ＳＵＧＯで登場）。ＮＳＸが登場するのは１９９８年からである。従ってスーパーＧＴの前身を含めて初期の頃はＧＴ‐Ｒがシリーズを支えてきたと言える。そして２０１６年までの23年間で３回のモデルチェンジを経て、１９９４年以降ＧＴ‐Ｒは11回のチャンピオンを獲っている。

　このようにＧＴ‐Ｒは、スーパーＧＴの発足に深く関与しているし、結果も残してきているので、スーパーＧＴ＝ＧＴ‐Ｒと

94年に18台でスタートしたJGTCは関係者の努力で大きく成長した。

いうイメージが定着していると思われる。それを物語るように各サーキットの担当の方からは、GT-Rが活躍すると観客が増えるとも言われている。またレース中にメーカーごとに応援旗が乱舞する私設応援団の活躍は、日産/ニスモファンの有志から始まったものだし、今やパドックで見慣れた風景となった各チームの作戦指令室ともいえる巨大なトレーラーも、日産/ニスモが最初に設置した。

GT-Rが背負った宿命

もちろんスーパーGTからGT-Rが得たものも大きいが、発展へ寄与したのも事実であり、盛り上げることへの責任もあると思っている。

2004年から2007年までの4年間、日産系チームはGT-Rの市販車生産休止に伴いフェアレディZで戦った。その時意識したのはZで活躍するのはもちろんであるが、スーパーGTの戦場にGT-Rがいないことの責任を果たすために、GT-Rの退場、復帰を劇的にしてファンの気持ちをつなぎとめなければならないと考えていた。

そのためには一時退場するR34GT-Rが2003年最終戦で勝ってチャンピオンを決め、次に復帰した際、R35GT-Rがデビューウィンしてその年のチャンピオンを獲らなければならない。2003年当時は復帰の時期は明確ではなかったが、最終戦前に公言し、R35GT-Rが復帰することになった2008年の活動計画発表会では改めて事情を説明し、「デビューウィンとチャンピオン獲得」を宣言してそれを実現した。

GT-Rが名を成したのは、グループA時代の無敗神話とスーパーGTでの活躍によるところが大きいが、R35GT-Rは2007年秋に発表発売されて以来、その性能が好評で国内外で驚異的な関心を呼んだ。今まで日本車に辛く欧州車を過大評価しがちであった

GT-R復活の2008年はデビューウィンとチャンピオン獲得を宣言して臨んだ。

クルマ専門誌に、「疾風怒濤のＧＴ‐Ｒ」と表現されたり、名だたる評論家に、「フェラーリの傍らにたたずむ新型ＧＴ‐Ｒに違和感はない」と言わしめる優れものである。

そのＲ35ＧＴ‐ＲでスーパーＧＴを戦うわけだが、前述したように基本車の性能だけで競うわけではないし、開発領域は制限され、標準部品もありウェイトハンディ制も適用されている。そこでＲ35ＧＴ‐Ｒの価値をさらに高めていくには、チャンピオンを獲得し続ける宿命を背負っていることになる。幸いなことに２００８年から２０１６年の９年間で５回のチャンピオンを獲り、何とか使命は果たせているが、この試練は今後も続くことになる。

戦うは千種(ちぐさ)なり スーパーGT年間プロセスと監督の責任範囲

モータースポーツは単純に言えばクルマの速さを競う戦いであるが、同じスポーツでもオリンピック競技や、サッカー、野球、格闘技と比べて、関わる要素が多く、とても複雑な競争になっている。例えばドライバーという人の競い合いでありながらその結果に対する貢献度は、技術的ハードの占める割合が大きいから、その技術面を担う人達とドライバーが共に戦う図式となる。従ってプレイヤーの能力を高めることが主となる他のスポーツと違って、勝つための準備や、戦い方、必要とされる人材などが大きく異なっている。

そこで我輩は多くの要素が複雑に絡み合うさまを表す〝千種(ちぐさ)〟という言葉を用いて、モータースポーツの戦うさまを「戦うは千種なり」と表現している。

具体例として、ＧＴ‐Ｒで長年スーパーＧＴレースに参戦している日産の「戦うは千種なり」を取り上げる。

我輩が2015年まで総監督を務めた日産系4チームの中で、至近の3年間（2013~2015年）で2回チャンピオンを獲った松田次生、ロニー・クインタレリ選手を擁するチーム、NISMOの活躍の背景には、以下のプロセスが存在する。

1）次年度のレーシングカー開発

来季予想から目標値を割り出し分担する

チャンピオンを獲ったシーズンオフは、次のシーズンが始まるまでの5か月間、精神的にとても余裕がある。敗退したシーズンオフと比べるとまさに天と地の違いがある。しかしライバル各社もそうやすやすと連続してタイトルを渡すものかと開発やドライバーやチームの体制の再構築にいそしむので、ここで安心していると翌シーズンにしっぺ返しを食らう。だから、チャンピオンを獲ったオフシーズンの大きなテーマは、いかに危機感とモチベーションを保って他社を上回る努力をするかになる。

チャンピオンを獲るのに、まずはレーシングカーの速さが肝となるので、ここでは通常のシーズンオフに行なわれる一般的なレース車の開発の手順について述べたい。

手順は以下のようになっている。

▼速さの目標値設定

シーズンを通してレース車は速くなっていき、最終戦あたりが最も速くなる。走行を重ねるごとにタイヤの進化やシャシー、エンジンの細部のチューニングによってそれは達成される。そこで富士や鈴鹿などレース開催各サーキットの、同じ技術規則のもとでの過去数年間のそのサーキットにおけるラップタイムの伸び代のトレンド線を引き、それを上回りかつ次年度に変更される規則の影響を反映して目標ラップタイムを決める。2017年の場合であれば車両規則変更があったので、トレンドとして、仮に富士が0・5秒、鈴鹿が0・7秒速くなるのであれば、ダウンフォースを25％減らす新規則によって遅くなる分を差し引く。

しかし新規則に対応した開発を実施すれば額面通り25％減る訳ではないので20％減くらいと仮定して、総合して富士で0・2秒、鈴鹿は0・3秒遅くなる目標値を設定するわけである。このやり方は少なくとも2016年シーズンまでは間違いのないやり方であった。

▼設定した目標ラップタイムを上回る性能向上を、各設計要素へ割り付け

現在はラップタイムシミュレーションが発達し、その精度も高いのでシミュレーションによって例えば全体で0・7秒の向上が必要なら、タイヤ、エンジン、シャシー（フレームやサスペンション）、ボディ（空力部品含む）、補機類（冷熱系、電装系、配管類）などの各要素に、その0・7秒のうちの何秒ずつを向上させるかを割り付けて、各担当グループはいつまでにそれを達成するかを決定する。

［タイヤ］すべてはタイヤのために。複雑怪奇な生もの

航空機は空気に対する相対速度で評価されるが、クルマは地面の上を走るから速さとは対地面との絶対速度が指標となる。クルマと地面をつなぐものはタイヤなので、速さを競うレーシングカーではタイヤがもっとも重要な役割を担っている。従ってサスペンションのジオメトリー（アームやリンクの幾何学的な配置）や剛性、重心高、前後重量配分、空力などシャシーやボディの開発はいかにタイヤを上手に使うかを目的として行なわれているといっても過言ではない。タイヤは見た目はただの黒い物体に過ぎないが、押し付けるとたわんで変形し接地面積が増えてグリップ力が上がる。そのたわみ具合の程度はタイヤ側面やトレッド面の剛性で変化するので、サスペンションのスプリングやショックアブソーバーと同じ働きをする。またトレッド面のゴムの粘着力がグリップする力になるが路面状態（温度や粗さ、汚れ具合）によって性能に差が出て耐摩耗性にも影響する。タイヤは生ものとも言われ、製造から使用までの間隔の長短でその特性も変わる。こういう複雑怪奇なタイヤそのものの開発はタイヤメーカーさんが行なうことになるが、前年の振り返りをしっかりやってクルマ側と一体となった開発が必要である。

【エンジン】直噴ターボで環境対応の開発競争となった

軽量化と最高出力、有効使用回転域、燃費などを何％改善、向上させるという目標値が設定され、同時に達成時期も決められ、各々の担当エンジニアが取り組む。今スーパーGTでは直噴ターボエンジンが用いられており、燃料流量が規則で制限されている。それ以前のエンジンはエアリストリクターで吸入空気量が制限されていたので、限られた空気量（実際は空気に含まれる酸素量）でいかに出力を出すかの競争であったが、今は限られた燃料流量でいかに出力を出すかの競争になっている。従って環境エンジンの開発競争といっても過言ではないし、開発手法も燃料が生み出すエネルギーを効率良く引き出すと同時に、摩擦損失など機械的な損失分をできるだけ減らす考え方で取り組む必要がある。

またターボを装着しているので、アクセルオフで回転が落ちてからの立ち上がりを良くするためにアンチラグシステムの改善も重要である。

［シャシー］ 軽量化に終着点はない

モノコックやフレームの剛性、サスペンションのジオメトリー及び剛性、重心高の低下などの目標数値が設定される。ジオメトリーはクルマが加減速やコーナリングでいかに姿勢を変化させても、また路面がうねっていても、いつもタイヤが適正に接地するように設計される。しかも剛性アップと軽量化を両立させなければならない。

軽量化は性能向上に寄与するが、軽量化を追い求めて剛性が不足するとコーナーや加減速でシャシーに大きな力が加わった時に、サスペンションそのものや取り付け点が変形するので、サスペンションのジオメトリーが設計値どおりに動かないことになる。これではタイヤをうまく使えず、操縦性にも悪影響を与える。絶対的な剛性変化ゼロはあり得ないし、重量だけでなくコストの都合もあるので、メーカーごとに相場値をもって開発している。

車両重量が規定最低重量より重いと、重量に比例した慣性力で加減速が遅くなるし、コーナーでも遠心力が大きくなって遅くなるので最低重量までの軽量化は必ずやらなければならない。

また重心高を低くすると、加減速時の前後の荷重移動や、コーナーでの左右の荷重移動が小さくなり4輪のタイヤがバランスよく接地して有効に使える。そのためには部品の位置をできるだけ低く配置するのはもちろん、形状を小型化したり、材料を変えて軽量化と重心高低減を図る。

最低重量規定よりさらなる軽量化の努力もする。レース出場時にはバラストを搭載しなければいけないので無駄なように思えるかもしれないが、バラストの搭載位置を工夫すれば重心高低減が図れる。例えば今のスーパーGTの規定最低重量は１０２０kgであるが、クルマの重量を９７０kgまで軽量化できれば、その差の50kgを床下にバラストとして貼り付けて重心高を低減できる。従ってレーシングカーの軽量化には際限がない。

［ボディ］モデル風洞で重要なのは再現性

高い位置の上屋（キャビン）を中心に軽量化を図るが、何よりも空力が大事である。空気の重さは1000ℓ当たり1・2kgと想像以上に重い。しかもベトベトする粘性も持っている。だから高速道路を時速100kmで走っている時窓から手を出すと大きな風圧（ドラッグ）を感じる。そういうドラッグは速さの二乗で効いてくるから、レーシングカーのように時速300kmで走ると時速100km時の9倍の風圧になる。だからレースカーは強烈な風圧を受けて走っているわけである。そのドラッグをできるだけ小さくする一方で、上手に利用できないかを考えるのが空気力学（空力）である。タイヤは押し付ける力が大きければ大きいほどグリップ力が増えるので、風圧の一部の方向を下向きにして、即ちダウンフォースに変えて車体を押し付けることができればタイヤのグリップ力が増えてコーナリングを速くすることができる。

クルマが重くなっても押し付ける力は増えるが、慣性力も増えてしまうので加速が鈍りブレーキも利かなくなる。コーナーでも遠心力が増えてコーナーを速く走れない。従って慣性力を増やさずにタイヤを押し付けてくれる空気は魔法の力を持っているようなものである。

目標として割り付けられた空力性能のドラッグとダウンフォースの向上分を達成するために、ベルト付モデル風洞で開発を行なう。流す空気の速度と床下のベルトの速度を同じにすることで、実際にサーキットを走っている状態が再現できる。実際の寸法の40%モデルを使うことが多いのは、実物ほど部品の強度を要しないのでさまざまな空力部品が作りやすいし、コストもかからない。加えて100%モデルとテスト結果は大きな違いはないと言われている。

モデル風洞は、テストを繰り返してまた元の仕様でテストした時に、最初のデータと一致するかというリピータビリティ（再現性）の性能が重要になる。それは風洞テストが1%以下の向上代を求めて繰り返されるからである。同じ条件で実験しても、得られる数値が変わってしまうようでは、微細な変更の影響を知ることは困難だ。ニスモは空力モデル部品を作る専用のモデルルームを鶴見に持っているが、風洞テストは総合的に判断して英国で行なっている。

［補機類］適正化と効率化への地道な取り組み

ラジエター、インタークーラー等の冷熱系は、冷えないとパワートレーン系全体の破損につながるし、冷やし過ぎは無駄な冷熱系部品の重量増を招くので、春夏秋のシーズンを通して得たデータをもとに適正な冷却性能への見直しを行なう。また水やオイルを循環させるポンプ類も馬力損失を少なくするように見直す。電装系は新システムの投入やそれに伴うバグの発生を抑える。配管類は重箱の隅をつつくような軽量化とメンテナンス時の作業性の向上を図る。開発の中では地味と映る部分でも、もしも実戦でトラブルを招けばレースを失う可能性もあり、手を抜くことはできない。

【節目管理】

要素ごとに目標値の達成に向けて開発努力するわけであるが、蓋を開けてみて未達の部位があったらお手上げなので、節目ごとにいつまでに何をどこまでやり遂げるかを管理する節目管理が重要である。各設計担当者が集まって、速さや耐久性、日程、コストや予算など計画に対する進捗を喧々諤々（けんけんがくがく）議論して、必要な対策が行なわれる。レーシングカーの開発は技術を深堀するので個々の設計者による分業化が進んでおり、節目ごとの進捗管理がないと大混乱をきたす。

またシミュレーションでは大丈夫なはずが、実際に走行すると思惑どおりにならないケースもあるので、何回かの走行テストで効果の確認が必要になる。また節目管理は走行テストと対になっており、未達の部位があったらそれを他のどこで補うか、何で対策するか等を検討し、決定する。

そして、他社との相対的な速さを判断できる全車が走る合同テストに臨む。屋外の競技だからその時々の気象の影響を受けるし、お互いに手の内を見せないので、合同テストだけでの判断は難しいが、ある程度の推測はつき必要なら追加策を講じることになる。

2) 開幕戦までの走行テスト
目標達成度を確認してデータを積み上げる

速さの目標を掲げてその目標を達成すべく各担当者が、要素ごとに理論計算やシミュレーション、今までのノウハウ、実験によるデータ解析などを用いて各部品の図面に落とし込む設計業務が行なわれる。それを部品にしてレーシングカーに組み込み、実際の走行テストによって速さが目標どおりか或いは他車との相対的な速さを確認することになる。

エンジンはベンチで大半の性能は確認できるが、シャシーやボディ、空力は、我々が直接開発にタッチできないタイヤとのマッチングがあるから、走行テストで確認することになる。目標を未達の場合や、目標どおりの速さが出ていてもライバルが予想より速かったら、目標を再度見直しもう一度設計をやり直すが、時間と予算の関係もあるので、何が問題かを見極めて短期集中型で取り組むことになる。

次年度仕様の走行テストは、最終戦後の12月のマレーシアのセパンテストから始まると見て良い。これは主としてタイヤがメインとなり車両やエンジンは開発部品の一部が盛り込まれて確認を重ねていくことになる。何故セパンかというと、その時期の日本は冬で実際のレースシーズンにはマッチしない路面コンディションだし、天候も雪が降ったりで不安定である。その点セパンはやや暑すぎるが、たまにスコールが来

次年度使用の走行テストはマレーシア・セパンから始まる。

るくらいで1日8時間のテストが4日間フルに、2名のドライバーでは疲労困憊してしまうほど走り込める。

しかも各社、タイヤメーカーと共に長年12月と1~2月に実施してきているので、路面温度や日本のサーキットとの条件の違いに対するデータ上のシミュレーションはできている。従って今はスーパーGTの公式戦のないセパンであるが、冬季のテスト場としては今のところ適切な場所である。

真の速さをテストで見せない理由

それでも各社はクルマの各開発要素の確認のために国内でも単独テストを行なっている。よって3社が揃い踏みする合同テストまでは、お互いに相対的な速さは分からないことになる。もっとも合同テストといっても、ウェイトを積んだりエンジンの出力を絞ったりして真の実力は見せないようにしている。お互いの手の内を見せないことにどういう意味があるのかと批判もあるが、要は自分たちが速かった場合、すぐ追いつかれないようにするためである。彼我(ひが)の差がはっきりすれば、遅い方は必ず対策を行なう。

開幕戦の時点で遅いことが分かった場合、対策品の投入は第2戦、第3戦以降になるが、合同テストで分かると開幕戦に間に合う可能性も出てくるからそれを避けたいわけである。それでもさまざまな手段で最高速やコーナーからの立ち上がり速度、クルマの挙動を観察しており、真の実力はある程度把握できるが確信には至らない。

実際の走行テストで設計仕様の確認が取れて、目標ラップタイムをクリアしたら、それ以降はいわゆるセッティングというサスペンションや重量配分、空力の微妙な調整作業に入る。

レーシングカーは、エンジン出力や空力性能など設計値で決まるポテンシャルを走行状態で１００％発揮させないと意味がない。ドライバーのハンドル操作やブレーキ、アクセル操作によってクルマがドライバーの意思どおりに動くこともそのひとつである。コーナリングを例に挙げると、ハンドルを切ってそのとおり曲がるのをニュートラルステア（ＮＳ）、曲がってくれないのをアンダーステア（ＵＳ）、曲がりすぎるのをオーバーステア（ＯＳ）という。これらは前２輪と後２輪のタイヤのグリップ力が前後でどうバランスしているかで決まる。即ち前輪のグリップ力が後輪より小さいと曲がらないＵＳになり、前輪と後輪が同じならＮＳになる。同じサーキットの或るコーナーではＮＳだとしても、他ではコーナーの大きさや速度が違うので、クルマの遠心力や空力の効果が違ってくる。遠心力はクルマの姿勢に影響し、姿勢で空力が変化すればタイヤを押さえつける力、即ちグリップ力が変化する。そうすると前輪と後輪のバランスが崩れてNSを維持できないことになる。

車高は0・5㎜単位でセットアップ

すべてのコーナーでNSを実現するのは不可能に近いので、どこのコーナーでも強いUSやOSにならないで、NSに近くなるような妥協点を探ることになる。そのためにスプリングやショックアブソーバー、サスペンションジオメトリー、空力、重量配分、前後の傾き（レイク）などの微調整を行なうが、その大変さをレイクで説明してみよう。

OS気味の時はリアの車高を下げると、重心高、前後の荷重移動、空力へ影響してUS方向に特性が変わる。そしてこの前後の車高差を0・5㎜単位で調整（ピッチ1㎜のネジを半回転させると0・5㎜）するわけである。ホイールベースは2750㎜なので、0・5㎜の車高差は傾きでいうとなんと0・02度である。多分読者の方にはこれっぽっちの誤差範囲の違いが速さに影響するとは信じられないと思う。しかしレースの世界ではそこで差が生まれるのが現実であり、さらに速さに大きく影響する何種類ものタイヤや、外乱要因の風速や風向、路面の温度や粗さや汚れ具合がこれに加わるわけである。

ブレーキや加速の時の前後の荷重移動や、コーナーへのブレーキを残しながらの進入、および立ち上がりでの加速を想定すると、クルマの姿勢は刻々変化している。ということは空力に影響する地面と床下の距離も刻々変わることを意味し、厄介なことに床下の場所によっても地面との距離が違うことになる。一応風洞であらゆる姿勢に対する空力性能を計測してエアロマップを作ってはいるが、動的に変化している時の数値は押さえられていない。従ってトラックエンジニアやデータエンジニアは膨大なデータの解析や直感を含めた判断が求められる。

レースシーズンに入ると、各レース前のセッティングの時間（公式練習）は1・5時間しかないので、その時に迅速にセッティングを決めるためのデータや数値をこのシーズン前のテストで積み上げているわけである。

スーパーGT特有の過酷なルーキー環境

さてクルマの開発やセットアップというハードに偏った記述に終始してきたが、実は開幕戦までの走行テストでもっと大事な作業がある。それはルーキードライバーの運転訓練である。

スーパーGTの特徴として、GT500とGT300、2クラスの混走がある。これは速度差が生む追い抜きが絡むことでレースが伯仲し、スーパーGTの魅力のひとつとなっている。技術規則を統合し将来相互乗り入れも検討されているドイツのDTMでは1クラスのみなので、単調なレースになりがちである。そこでF1と同じようなDRS（抜く際にウイングの角度を小さくして最高速を上げるシステム）などいろいろ工夫せざるを得ないが、スーパーGTでは2クラス混走で自ずと面白いレースになっている。

速度差が生む追い抜きと言っても実際はGT300クラスもトップ争いをしているわけで、その集団を同じトップ争いをしている速いGT500の集団が1レース中に何回も追い抜いて行かねばならない。争っているライバルに抜かれないようにしながら、近づくGT300をどこでどう抜くか。そのためには乗っているクルマの特性を熟知して、その弱みをつかれないで強みを生かす必要がある。

2名1組で戦うスーパーGTにおいて初めてGT500に乗るルーキードライバーは、まず第2ドライバーであろうから、レース週の1・5時間のフリープラクティス（公式練習）は、ほとんど乗れないと覚悟しなければならない。レース週になるとクルマに習熟した第1ドライバーによって数種のタイヤの選択と路面コンディションへのサスペンション、空力その他のセットアップをしなければならない。よって乗る時間が少ないまま予選に臨むことになる。そのハンディを克服するために、シーズンオフのテストの走り込みが大変重要になる。ニュータイヤによるタイムアタックや、満タンにしてのロングランなどを通じて習熟に努める。これは同時にクルマの癖への慣れを促し、心の平静を保ちながらレースを戦うのにも役立つ。

速く走るだけが仕事ではない

2015年の最終戦・もてぎは、#1GT-Rと#12GT-Rは順位が上位の方がチャンピオンを獲得し、#37RC Fは優勝するしかタイトルの可能性はないという状況であった。

決勝ではタイム差2秒以内に#37RC F、#1GT-R、#100NSX、#12GT-Rの順番で戦いながら、10数ラップごとにトップ争いしているGT300の集団へ入って行き、#37RC Fは瞬間4番手まで落ちたこともあったが、またトップに返り咲き、結局この順位でゴールした。これは#37RC Fの平川亮はある程度リスクをとっても優勝を目指し、#1GT-Rの松田次生と#12GT-Rの安田裕信はチャンピオンを獲るための順位争いをしているので、他車との接触というリスクは絶対に犯せない状況が生んだ現象である。集団の中で追い抜くには瞬間、瞬間の判断がとても大切であり、各ドライバーは戦いながらも心は平静を保ち、置かれた立場を考えながら対処していたわけである。レース中のドライバーは緊張と興奮で毎分200拍近くまで心拍数が上がる。そのような状況下でも冷静さを保てるか否かが才能であり、経験で補える部分もある。2016年の日産の場合は、千代勝正が#46GT‐Rに乗りルーキーではあるが、開幕戦、第2戦で速さと強さを見せた。これはシーズンオフのテストで走り込みができたことと本山哲の指導を素直に受け入れたのが大きい。加えて2015年ブランパンGTシリーズでのチャンピオン、豪州バサースト12時間レースで総

2016年第1～2戦で活躍したルーキー千代。走り込みと指導の成果。

合優勝と2016年2位、しかもプレッシャーの掛かる最終スティントを任されて、順位を上げての結果であるから、この経験値が生きたともいえる。

3）レース週2日間の進め方

いよいよシーズンインしてレース本戦に臨むことになる。

いくらシーズンオフの開発やテストが充実して順調にいっても、レース結果につながらなくては意味がない。クルマの設計性能を発揮させるセットアップは、オフのテストである程度把握できている。従って本戦に向けて一番大きな課題は、気象条件や路面状況に左右されやすいタイヤ選択とそれとのマッチングである。ここではドライタイヤについて述べる。

年間30種類！　タイヤ選択と使い方

タイヤは製造するのに時間がかかるので、おおよそレースの3週間も前の時点で、天気予報やあまり根拠のない勘などで、シーズンを通しては30種類くらいあるタイヤの中から、本命と思われるソフト系3セット、ハード系3セットを選ぶ必要がある。規則で定められたレース場に持ち込み可能な本数は7セット（鈴鹿1000㎞や未勝利のタイヤブランドには追加セットがある）なので、決勝の2スティント目の極端な条件変化（気象条件変化や早めのピットインを強いられたことによるロングラン）に備えて、その7セット目はウルトラハードタイヤを選ぶことが多い。実際に土曜日の公式練習から使えるのは6セットで、それにマーキングを行ない、これ以降決勝スタートまでこの6セットで乗り切る。従ってタイヤ投入の配分は、公式練習1・5時間で2〜3セット、GT500占有走行で1セット、予選1回目、2回目各1セットで計5〜6セットとなるが、決勝2スティント目にもマーキングタイヤが適している場合が多いので、できればニュータイヤ1セットは残しておきたい。

専有時間は選択外のタイヤで予選練習

公式練習1・5時間が始まり、まずマーキングしたソフト系またはハード系タイヤでその日のクルマのセットアップ（サス、空力等）を決める。そしてそのソフト系とハード系のタイムの出方や、満タンでのロングランの状況で今回のレースにどちらが適しているか評価して、予選の1回目、2回目に投入するタイヤを決める。公式練習の最後に設けられた10分間のGT500専有時間ではレース用に選ばなかったニュータイヤで予選1回目を走るドライバー（通常は第2ドライバー）が予選練習を行なう。エースドライバーは1・5時間の公式練習中にセットアップを決め、タイヤ選択を行なうので十分な走行時間を得ているが、第2ドライバーはせいぜい満タンのロングくらいしか乗っていないのでニュータイヤの感触を得るために乗せるわけである。

ふたりのドライバーが最高の力を発揮してこそ好結果が生まれるわけだが、第2ドライバーはどうしても走行時間にハンディを背負うことになる。これは同様の理由で若手ドライバーがステップアップする際の障害にもなっている。

その時のクルマの状況や準備したタイヤ、ウェイトハンディ等を考慮して予選8位以上で十分なら、エースドライバーで予選1回目の突破を狙うし、また決勝が雨天なら、決勝スタートタイヤはウェットタイヤになりドライ条件では義務付けられた予選タイヤを使う必要がないから、翌日雨と確信したらソフト側タイヤで一発の速さを狙っていく。ただこのギャンブルは外れることも多くチームは悩むことになる。

だいたいにおいて、走行スケジュールに追われ完璧な状態で予選に臨めるわけではなく、満タンでのセットアップも十分ではないから、決勝前のウォーミングアップ走行まで決勝仕様の詳細なセッティングを行なう。

戦略の妙味とスーパーGTのセオリー

そしていよいよ決勝であるが、事前のチームミーティングでスタートドライバーや燃料搭載量、ピットインのタイミングを決める必要がある。

ドライバーの乗る順番は、チームごとにパターンがあり、スタートの混乱を乗り切って先行逃げ切りを好むチームはエースをスタートドライバーとし、タイヤ選択を含めて終盤の追い上げを狙うチームはその逆となる。あまり確固たるものはないが、ドライバーから見るとサーキットに行く前から自分がスタートドライバーを務めるのだと覚悟して行けるので、事前に分かっていた方が良いと思う。

次に搭載燃料であるが、燃費2・0㎞/ℓと仮定すると300㎞レースでは150ℓを使う。この量をどのように配分するかである。スタート時に満タンの100ℓ載せればピットイン時に50ℓ補給すればよい。補給速度を3ℓ/秒と計算すれば17秒で済む。従ってピットストップ時間を短くできるし、ピットインのタイミングの自由度が増えるので、この満タンスタートを採用するチームが多い。一方予選下位の場合などで序盤に順位を上げたい場合は、軽くするために60ℓスタートでピットイン時に90ℓ補給するケースもある。一方でドライバーにはレース距離の2／3以下という最大走行距離の制限があり、ピットインのタイミングが著しく限定される。またピットイン時間も長くなるし、突如のセイフティカーへの対応も難しくなるからこのやり方はあまりお勧めではないが、セオリーどおりことが運ばないレースだからハマると快感である。

鈴鹿1000kmのように長いレースの場合、戦略に妙味が出てくる。500ℓ使うから満タンでスタートすればギリギリ4回のピットストップで済む。一方で燃費を気にせずにガンガン走る戦略もある。1回のピットストップはピットロードでのロスもあるから1分30秒位要し、これをラップタイムで挽回するのは容易ではないから燃費的にギリギリであるが4回ピットストップを取るチームもある。

この場合若干でも燃費に余裕を待たせるために、使用燃料量をチェックしながらラップタイムも落としながら巡航させる。一方で5回のピットストップを選択したチームは燃費を気にする必要がないから、彼我のタイム差は徐々に開いていく。最終的にはそのタイム差が1回の余計なピットインの時間に優るかどうかで勝敗が決まる。しかし波乱要因は事故処理のため全体をスローダウンさせるセイフティカーである。5回ストップ車は速いので4回ピットストップ車を引き離して、上位にいる可能性があり、タイミングにもよるがセイフティカーが入るとせっかく稼いだタイム差が一気に縮まってしまうので、4回ピットストップ車が有利になる。

２０１４年は#23ＧＴ‐Ｒが4回ピットストップ、#36ＲＣ Ｆが5回ピットストップでトップ争いを演じた。#36ＲＣ Ｆが有利にレースを進める中#23ＧＴ‐Ｒとしては後半、鈴鹿１０００㎞恒例のセイフティカー登場を望んだが、珍しくもついにその機会がなく#36ＲＣ Ｆが優勝、#23ＧＴ‐Ｒが2位で終わった。２０１６～１７年は規則で5回ピットが義務付けられて戦略の幅が狭められた。

ピットインのタイミングであるが、事前に分かるタイヤのデグラレーション（タレの進行度）や燃料搭載量、ドライバーの最大走行距離規定などから算出した何ラップから何ラップの間にピットインさせるというウィンドウ（窓）を設定する。そのウィンドウの中で臨機応変にライバルと渡り合うわけである。セオリーは、競合車の次のラップにピットインさせること。タイヤウォーマーを使えないスーパーＧＴではタイヤが暖まっているピットイン前にタイムを稼ぐことで、自車は必ず競合車の前でピットアウトできるので有効な戦術である。ピットアウト後は冷えたタイヤで競合車を抑えなければならないが、前に位置する優位をいかに生かして逆転したポジションを守るかはタイヤのウオームアップ性能とドライバー次第である。

4 レース戦略

最大効率を探りつつライバルを読む

決勝スタート前のグリッドからの展開について述べる。

ドライ条件の場合のスタートタイヤは、予選で使用したものに決まっているので、悩むことはない。しかし決勝が雨模様で、オフィシャルからどんなタイヤを使ってスタートしても良いという〝ウェット宣言〟が出されるとグリッドが騒がしくなる。

日本の主なサーキットはすべて山ぎわにあるから雨絡みが多く、加えて「変わりやすく得体の知れないもの、それは山の天気と女心」と昔から言われるように、雨量などの条件はどんどん変化するし、その予測も難しい。

いくら難しいと言っても各チームの予報専門家（著名な予報機関は現地に雨雲レーダーなどを持ち込んでいる）やネットの予報、空模様、地元の人の勘などに頼れば、60％くらいの確率で正解は予測できる。従ってグリッドのトップ4まではその60％の確率に沿ったタイヤ選択がセオリーである。というか4位までなら十分トップ争いできる位置にいるので、賭けに出ないで確率の高い方を選択するであろうポールポジションの装着タイヤに従うということである。しかし5位以下は外れると悲惨だが残り40％の確率に賭ける価値はある。まして10位以下は逆転優勝のギャンブルに出るのも選択肢のひとつである。

かなり前の雨模様のF1モナコGPで、予選1、2位のウイリアムズチームが決勝スタートで3位以下のタイヤと違うタイヤを選び大失敗したことがある。フロントロウが圧倒的に有利なモナコだから3位以下のタイヤと違うモノを選ぶことはあり得ない。レース中天候が思わぬ方向に推移してタイヤ交換を強いられても、同じタイヤなら3位以下と同じピットイン回数ですむから何も不利なことはない。何故そうしたのか今でも不思議で記憶から消えない。

GT300集団の位置も重要

隊列を組んだままスタートするローリングスタートは、グリッドスタート（スタンディングスタート）と違ってあまり失敗することがなく、グリッド順で1コーナーに入っていく。タイヤが十分暖まっていない数周は追い抜くチャンスでもあり先陣争いが激しい。しかし3周もすると適切なタイヤ温度（80℃）になり、一旦は落ち着く。10周を過ぎると遅いGT300の集団に追いつくので、今度はそのかわし方で順位が変動する。

その頃から徐々に満タンセットの良し悪しや、選択したタイヤの適否が現れ始め、順位が変わる可能性が出てくる。またあちこちでスピンや接触による部品の脱落等があり黄旗が掲示され始める。ドライバーに見えにくいポストもあるのでピットからは無線でタイムリーに追い越し禁止の黄旗区間を連絡して、ペナルティを受けないように注意を喚起する。

　そしてピットインのタイミングを図る。燃費と燃料搭載量、ドライバーの最大走行距離規定によって縛られたピットイン可能なウィンドウがあらかじめ分かっているから、タイヤのタレ具合や前後して争っているライバルの動向、コース上の混み具合を見て、そのウィンドウの範囲でピットイン

ライバル動向やGT300集団位置などピット戦略の見極めが重要。

させる。ライバルのピットインの次の周がセオリーと書いたが、ピットイン、アウト時にできるだけGT300の集団に絡まないタイミングを選ぶことも重要だ。ピットイン前に無線でドライバーにスタートタイヤのフィーリングを聞いて次につけるタイヤを決める。気温の下がり具合や残りラップ数によっては後半スティントをソフトタイヤにする場合もある。接戦であればあるほどピット作業も重要で作業時間1秒の差で順位の入れ替えも生じる。だからスタッフにプレッシャーも掛かるが、日頃の訓練に裏打ちされた自信と冷静さが実力を発揮させてくれる。そしてゴールを目指す。

リスク管理と奇手の検証

以上は特に問題なくレースを進められた場合であって、実際はさまざまなことが起きる。エンジンやギヤボックスが壊れてリタイアしたり、選んだタイヤが早めにタレて予定外に早いピットインを強いられたり、接触事故で部品が壊れたり、なかなか一筋縄にはいかない。

しかしだからと言って黙って手をこまねいているわけではない。さまざまな状況を想定した準備を行ない、問題を最小限に留めるようにしている。例えば無線も重要な道具であるが、万が一壊れて通じなくなった場合に備えて、ピットボードへの掲示方法の工夫と、それに対するドライバーからの返事はパッシングの数にするなど知恵を使っている。また戦略面のリスク管理ではセイフティカー導入への備えも重要である。現行スーパーGTルールではピットの安全性確保の観点からセイフティカー導入時のピットインが禁じられており、破れば大きなペナルティを受ける。セイフティカー導入の平均周回数分くらいは走行を継続できる燃料をタンクに残すように作戦を組み立てる。

魔物が棲むと言われ続け、実際に棲んでいるとしか思えないスポーツランドSUGOなどで良く起きることであるが、セイフティカーが複数回導入された場合、セイフティカーとピットインのタイミングが重なると、これによって勝敗が左右される場合がある。というのはセイフティカーはその時点で1位のクルマの前で一定速走行をするので、先にピットインして遅れていたクルマがグッと差を縮める。たとえトップを走っていてもセイフティカー明けにピットインすれば逆転されてしまう。

ここで通常はあまり見られないタイヤ無交換作戦と2ピット作戦について、オートポリス300km戦をベースに考えてみる。何故オートポリス戦かというと、ピットロードがスーパーGTを開催するサーキットで一番短く、2ピット作戦が成功する確率が高いからである。

まずピットインに関わる諸データは下表のようになる（ロスタイム含む）。

従ってタイヤ無交換作戦を採ると、新タイヤが暖まるまでとタイヤ交換のタイムの計23秒（表のⒷ＋Ⓒ）を得することになる。一方でラップを重ねるとタイヤはタレて（デグラデーション）ラップタイムは落ちてくるのでその落ち代と23秒を比較してゴール時点でどうなるかなので判断は難しいが、KONDO RACINGの近藤真彦監督はGT-Rとヨコハマタイヤで何回も成功させている。

また持ち込んだタイヤがソフトすぎて、速いが1ピットストップでは持ちそうにない場合、2ピットストップ作戦を採らざるを得ない。これはピットロードロスと新タイヤの暖まるロス、タイヤ交換ロスタイムが通常の1ピットストップに対して多くなり、48秒もタイムロスすることになる。これを速いソフトタイヤで挽回しなければならず、TEAM IMPULの星野一義監督がGT-Rとブリヂス

ピットインに関わるデータの比較

ピットロードの通過タイム		25秒	Ⓐ
新タイヤが暖まるまでのロスタイム		10秒	Ⓑ
ピット作業タイム	タイヤ交換のみ	13秒	Ⓒ
	燃料供給	27秒	Ⓓ
	タイヤ＋燃料	40秒	Ⓔ
ピット作業によるロスタイム	タイヤ交換のみ	48秒	Ⓐ＋Ⓑ＋Ⓒ
	タイヤ無交換(燃料のみ)	52秒	Ⓐ＋Ⓓ
	タイヤ＋燃料	75秒	Ⓐ＋Ⓑ＋Ⓔ
	2ピット作戦	123秒	2Ⓐ＋2Ⓑ＋2Ⓒ＋Ⓓ

トンタイヤで1回成功させた例しか記憶にない。作戦としては面白いがやはり無理がありそうである。

GT500ドライバーの二律背反

こうしてレースを重ねシーズンが終わると次年度へ向けて準備が始まるが、ドライバーについて触れたい。

日本のレースにおいて、ドライバーの報酬が多いGT500の椅子の数は限られている。ドライバーはシーズンを通してその椅子取りゲームをしているわけで、常に速さや安定性をアピールする必要がある。

レーシングカーという道具の性能が速さに大きく影響するモータースポーツの場合、車種やタイヤが違ったりするとレース結果だけではドライバーに優劣をつけるのは難しい。となると同じチームで同じ性能のレーシングカーに乗るチームメイト同士で判断することになる。

日本の場合は経験や過去の貢献度も考慮するから極端な例は見られないが、F1では同じチームで遅い方がどんどん入れ替えられている。

GT500は同じクルマにふたりのドライバーが乗るわけだから絶好の比較の機会となり、この職業を選んだ宿命とはいえチームメイトに速さや安定性で負けるわけにはいかない。一方で好成績を上げるにはふたりのクルマに関するデータや情報の共有、また相手への気遣いや協力が必要である。この難しい二律背反を#23GT-Rとミシュランタイヤに乗る松田次生とロニー・クインタレリは見事に成立させているからチャンピオン2連覇を達成し、3連覇への可能性も生じたわけである。

シーズンオフのドライバー編成では、このような理想的なコンビを構成するべく心血が注がれている。

5）2017年シリーズ序盤のGT-R失速の本質

その時点で開発手法を変更する理由はなかった

2014年、2015年とシリーズ連覇を果たし、2016年も3連覇に向けて終盤まで余裕のランキングトップだったGT-Rも、熊本地震の影響でオートポリス戦が延期になった影響で変則的に行なわれた最後の2連戦で、天候に恵まれず惨敗を喫してタイトルを逸してしまった。タイトルは逃したとはいえ、この状況はGT-R優位とする判断に間違いはない。

そういう中、規則の変わった2017年仕様の開発が行なわれていた訳だが、ラップタイムの予測はこの章の1）で述べたように、前年までのラップタイムの向上代のトレンドを調べて、それを上回りかつ、規則変更の影響分を反映して目標値を設定している。蓋を開けてみたら、レクサスは新型車両も相まって規則変更によるダウンフォースの低下はかなり挽回できているとか、NSXはミッドシップハンディの低減とかあり、ニスモの予想以上に速くなっていた。

今までのやり方は、限られた予算や人的資源を効率的に運用しているもので、実際に連覇という実績を残しているから、開発時点で違うやり方を採る理由がない。違うやり方とは予算増を伴い過剰な性能向上策になる。だからこうなったのはやむを得なかったと言い訳するつもりはない。その兆候は昨年12月のセパンテストから少しではあるが見えていたから、判断が甘かったと言われればそのとおりである。

現実に後れを取っていたので予算処置もして、今までのやり方も変え、規則の範囲で挽回策を図り、何とか第4戦SUGO300kmに対策品の投入ができた。テスト走行もないので、細かいセットアップも仕切り直しでレースウィークに行なうしかない。従って挽回策は徐々にレース結果に反映されてくるであろうと期待していた。そして時間は掛ったが、最終戦もてぎ250kmレースで、＃23GT－Rが圧倒的速さでポールtoウィンを飾るまでに挽回できた。

この挽回策に明け暮れた5か月間に思ったことは、レクサスやNSX勢はこの3年弱、ずっとこの悔しい思いをしてきたのだと。だから彼らの従来のやり方に変化をもたらし、予算も増やせたのかもしれない。当然ニスモも開発体制や手法に変化があり、より強いニスモへ変貌したと思っている。

モータースポーツとはライバルとの勝ち負けであるから、相手に少しでも勝てばそれで目的達成である。従って最小の予算、人的資源で短期に開発できることが望まれる。同時に相手のある話だから相手の努力代次第で目論見どおりにならないことがある。それが悩

規則変更が戦況変化を生む。挽回策に明け暮れた日々がニスモをさらに鍛えた。

ましいが、勝ち続けるチームやブランドを勝てなくすることもモータースポーツを面白くする要因でもある。

ここで思い出したのが、2005年F1でのフェラーリの不振である。

2000〜2004年の5年連続で、フェラーリ+ミハエル・シューマッハー+ブリヂストンがF1タイトルを独占してきた。そして2005年に向けて規則改正が行なわれ、ダウンフォースを20%低減し、予選決勝を同じタイヤで乗り切ることが決まった。ブリヂストンタイヤも耐久信頼性で群を抜いていたし、規則が変わっても当然この最強のコンビの天下が続くと思っていた。

ところが不振が続き、ルノー+フェルナンド・アロンソ+ミシュランタイヤにタイトルを奪取されてしまった。その要因は、結果を残し続けてきた従来のやり方に自信を持ち、開発手法を変えなかったところにあったはずだ。どこかの時点で負けるのではとの兆候はあったのだと思うが、トップに長年君臨していると無意識のうち生まれる油断はある。翌2006年もシューマッハーは敗れ、有終の美を飾れず引退となった。流れを変える規則改正は、古今東西を問わず効果を発揮している。

※この章はニスモ・ウェブサイトに掲載した原稿を加筆修正したものです。

天・知・人
モータースポーツにおける勝利の条件

上杉謙信の「天・地・人」現代版

中国紀元前の戦国時代の思想家孟子の教えに、世の中で大切なモノの順番を示す「天・地・人」という言葉がある。それを知った日本の戦国時代の武将・上杉謙信（越後の領主で、甲斐の武田信玄と川中島で数度の死闘を演じたことで有名）は、戦略が成功して戦いに勝利する条件として「天の時、地の利、人の和」、即ち、天が授けたタイミング、地形の優劣、人の団結力の三つがあると説いたと言われる。当時天下を狙う武将が意識すべき言葉だったのである。

レースはクルマの物理的な速さとそれを操るドライバーのテクニックの巧劣で、勝負を決するのが基本である。従ってそれに沿って計画を立て、準備をし、レースに参戦するのが正攻法である。しかしながらいくら万全を期しても、頭が良く体力に優れ、メンタルの強い人が必ずしも人生の成功者になる訳ではないのと同じ様に、レースには勝っても、勝負に負ける様なことが頻々と起きる。我輩はそういうレースの世界での勝利の方程式を現代風に、「天の時・知の利・人の和」即ち「天・知・人」と表現している。

分かりやすく知の利から説明する。

知の利とは、速いクルマを作る技術的知識、経験に優れるということである。ラップタイムで1秒以下を競うレーシングカーを開発するには、物理や化学現象を網羅した深い科学的知識が必要で、それも日常では無視できる誤差の領域まで踏み込まねばならない。しかも戦う場の自然現象はすべてが科学的に解明されているわけではないから、経験や勘からくる相場観も大切である。

次に人の和は、ひとりひとりの優れた個々の力とそれを結集した総合力が発揮できるチームワークを表している。現代社会は複雑、高度化して、ひとりでできることはたかが知れているので分業が当たり前である。全体として皆が快適に安全に豊かに過ごせる社会であるためには、個々の仕事はレベルを高く保ち、かつ責任を持って遂行されねばならない。

レースを戦うにも、技術的には誤差範囲の戦いであるから極度に分業化して技術を深堀していかねばならない。エンジンの開発を例にとって細分化していくと、シリンダーヘッド、シリンダーブロック、バルブ、ピストン、排気管を各設計する人、制御系を担当する人など多岐にわたる。シャシーやボディも同様である。参戦チームもサスペンションなどの部品も部位ごとに担当は違う。タイヤ交換や燃料補給のピットワークもそれぞれ専門性をもって担当している。だからひとりひとりの能力を高めて、同時に全体として力を発揮させる必要がある。ひとりでもミスしたら歯車のひとつが欠けて、勝てない。またレーシングカーを操るドライバーも〝ヒト〟であるから、協力してその人の運転の流儀に合うようにクルマをセットアップしなければならない。

これらを総称しての人の和であり、極度に分業化しているからこそ全体として力を発揮する団結力、チームワークが必要となる。

次に天の時。人の人生に運不運はつきものだし、日常生活にもよくある。しかしレースは勝負事であるゆえに、また屋外競技であるがゆえに運不運の影響は大きい。

レーシングカーは究極の速さを競っているから、速さに特化してピンポイントで条件を設定している。従って前提条件が数%でも狂うと、対応しきれなくて敗北を喫する。

スーパーGTは屋外で行なわれる競技なので、精度の高い予測が難しい気象条件に振り回される。また速さの異なる2クラスの混走で、遅いクルマは高速で動くシケインとなるのでアクシデントを誘発し、セイフティカーが入るとせっかくのリードを失い、或いはライバルに逆転を許す。結果が悪いと、「ピットインをもう1周遅らせていたら勝てたのに……」のみならず、「昨夜風呂に入る時左足から入っていたら、表彰台に届いたかも」まで登場するタラレバが横行する。

またある規則性があるようだけれど、何故そうなるのか科学的に裏付けの取れないことは、「ジンクス」という訳の分からない言葉で片づけられてしまう。

要は勝負事であるがゆえに、「人事を尽くして、天命を待つ」努力はするが、「人事を超える天命の存在」を認めるしかない。

だからと言って、「運」とか「賭け」に頼ってはいない。「天の世界」も最終的には信頼や日頃の研鑽、折れない心の物語である。

2016年のスーパーGTシリーズ全8戦を振り返ると「天・知・人」に満ちていた。

1) 2016年第1戦　岡山300㎞

開発凍結下のレーシングカー開発

例年4月に実施されるシリーズ開幕戦・岡山は寒さと雨にたたられることが多かった。そこで過去の気象情報をもとに主催者・岡山国際サーキットは、開催を1週間遅らせることにした。日本には大きなサーキットが6つあり、お互いに著名なイベントの同日開催は避けたい。しかも開催日もさまざまなカテゴリーの既得権があり、例年からの日程変更の調整は難しいが、岡山国際サーキットは何とか遅らせることに成功した。結果として暖かい好天で多くの観客が押し寄せレースもクリーンなバトルがあちこちで観られたので、努力は報いられた。

そしてそれは、オフシーズンの公式合同走行テストで速さを発揮できず「GT-R不振！」と事前予

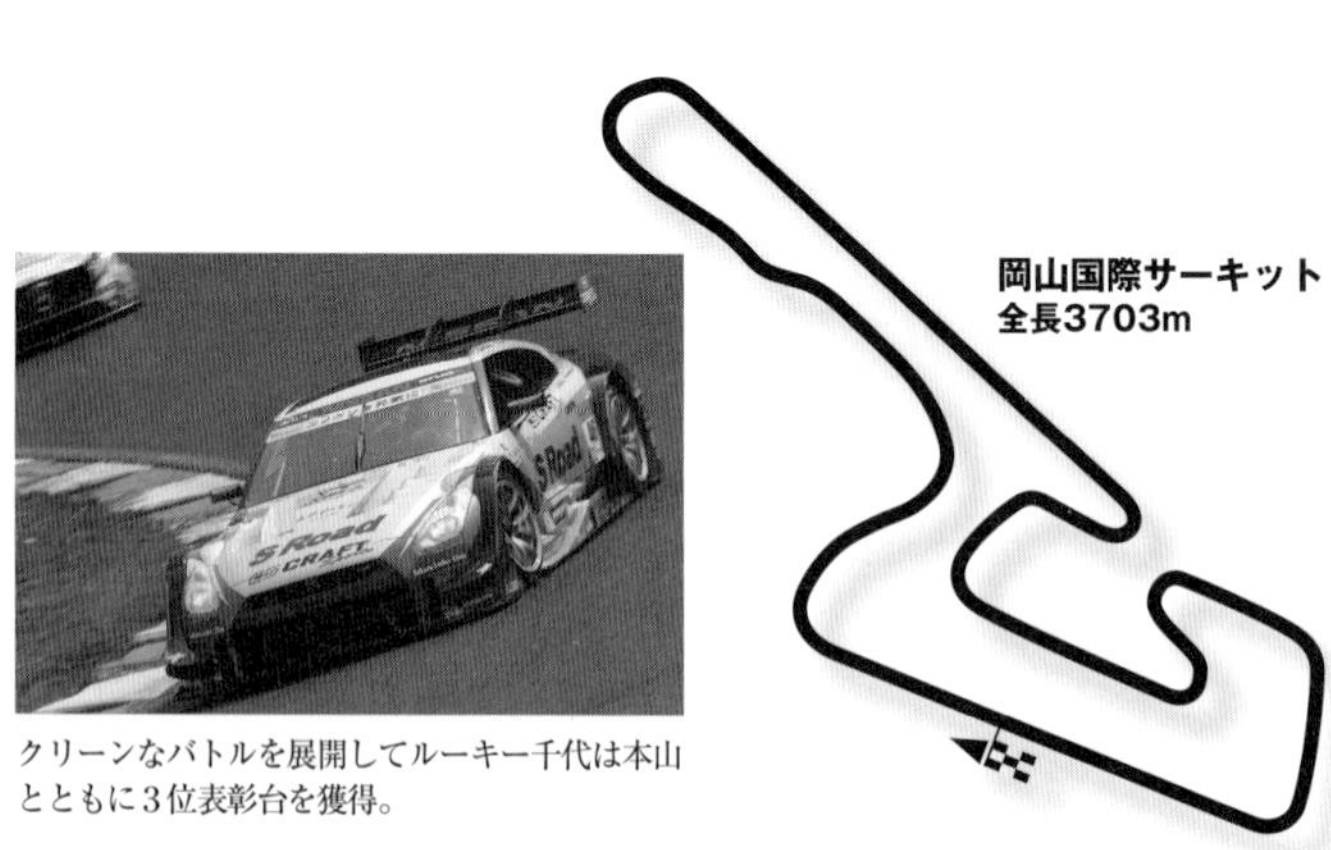

クリーンなバトルを展開してルーキー千代は本山とともに3位表彰台を獲得。

想されたことを覆す要因ともなった。

飛行機の速さは空気に対する速さで評価されるが、レース車は地面に描かれたある形状のサーキットを周回する速さを競うので地面に対する速さで評価される。レース車と地面をつないでいるのはタイヤである。従ってタイヤの性能が速さのすべてであると言っても過言ではないし、レース車両はタイヤの性能をいかに上手に使うかという視点で開発が行なわれている。そしてタイヤの性能は地面に押し付ける力を増やせばグリップ力が上がり、路面温度に左右されるという特性がある。この特性を4輪でバランスよく高いレベルで使うことが肝となる。ひとつ例を挙げると、コーナリング時に左右の荷重移動が多いと外輪だけに負担が掛かり内輪はほとんどグリップしないので、4輪タイヤの合計グリップ力は小さくなる。重心高を下げると左右の荷重移動や、加速やブレーキング時の前後の荷重移動を小さくできるので、4輪のタイヤをバランスよく使えることになる。

2017年からの新規則導入に向けて、2016年仕様のレースカーの開発は制限されていて、空力、車両外観、サスペンションなどは開発が許されない。従って開発できる領域はエンジンやタイヤのみと思われがちであるが、実は上記に例として挙げたような重心高を下げることは開発行為とはみなされない。そこで部品をできるだけ低く置いたり、クルマの前後の中心に置いたり（クルマを曲がりにくくするヨー慣性を小さくする）、外板の薄肉化やダッシュパネル、配管類などの軽量化が行なわれている。

例えばレース車が９７０kgでできている場合、レース参戦時の最低重量は１０２０kg必要だから、その差の50kgをバラストとして床下に貼り付けて重心高を下げることができる。このバラストの位置を変えれば前後の重量配分も調整できる。従って開発制限下でも、タイヤを上手に使うために際限のない軽量化競争が続いているわけである。

開催日1週間の違いが生んだ戦況変化

岡山の公式テスト（２０１６年３月19～20日）では、ブリヂストンＢＳ（＃12ＧＴ‐Ｒ）、ミシュランＭＩ（＃1、＃46ＧＴ‐Ｒ）のどのタイヤを装着していても、ＧＴ‐Ｒはあまりパッとしなかった。＃12ＧＴ‐Ｒはアタックのタイミング次第だったが、＃1ＧＴ‐Ｒ、46ＧＴ‐Ｒの動きを見ていると、気温、路温共に低くタイヤの温度範囲を完全に外しているのか全くグリップしていなかった。

タイヤの狙った路面温度に対し適正なレンジは±４℃ぐらいだから、冬場は冷たい風や日照の影響で神経質な選択を迫られる。タイヤブランド間の競争が激化し、高性能を求めてかなり尖がったタイヤになり、温度レンジは狭くなる一方である。しかもタイヤは生ものとも呼ばれ、製造して長期間置いておけないし、輸送のことも考えるとレースの3週間くらい前までには仕様を決めないといけない。だから気象状況の予想はとても大事なチームの仕事である。

そして始まった初戦の岡山戦は、結果として、#1GT-R(MI)、#37RC F(BS)、#46GT-R(MI)、#6RC F(BS)、#12GT-R(BS)の順位となり、事前の予想を覆しミシュラン装着車が逆転優勝した。

路面温度は公式テスト時より、7℃から10℃高かったのでこれが好結果につながった可能性が高いが、ブリヂストン装着車は公式テストより遅くなっていないからレンジは外していないので、どちらかというと高い温度レンジを得意とするミシュランが路温対策+αで挽回したと見る方が正しい。

もし例年のように前の週に開催されていたとしたら、気温が低く厚い雲が掛かっていたので路温は10℃以上低かった可能性がある。その場合の結果は今となっては誰も知る由もない。いずれにせよミシュランが良い仕事をして、それを日程変更の幸運が助けた結果と言える。

また#46GT-Rに乗るGT500ルーキーの千代勝正が#6RC Fとのバトルを制した後、驚くことに#1GT-R、#37RC Fとのタイムを詰め始めたのでタイヤマネージメント（摩耗管理）の行方が気になったが、＃37ＲＣ　Ｆを抜きあぐねたのでその後の展開は分らなかった。
＃6ＲＣ　Ｆの大嶋和也、＃37ＲＣ　Ｆ号車の平川亮共に千代が並びかけたら押し出すようなことをせず、きちんとコース上に1車幅を残すクリーンな戦いで先輩として千代に胸を貸していた。こういう若手達の台頭はスーパーＧＴの将来を明るくする。

2）2016年第2戦　富士500㎞
富士最高速と区間タイムからエンジン性能を探る

富士500㎞レースは、運不運が交錯し、真剣勝負だからこそ起きるアクシデントもあり、スーパーＧＴらしさ満載で、押し掛けた多くのファンにも見応え十分であった。初戦に続き連勝した＃1ＧＴ‐Ｒの勝利は、訪れたチャンスをしぶとくモノにした点で2015年の最終戦を想起させた。
またトムスの＃36ＲＣ　Ｆ、＃37ＲＣ　Ｆは天候などどんな想定外の事態にも動じず3、4位と健闘した。この体制だから13ポイント差でランキング2位につける37ＲＣ　Ｆは、いつでもトップに立てる有力なチャンピオン候補である。

富士スピードウェイはエンジンの評価に適しているので、今回はエンジンについて述べたい。

今スーパーGTで使われているエンジンは、2000cc4気筒直噴ターボエンジンである。燃費改善のために生産車でもハイブリッドエンジンと共に今や主流になりつつある。レース仕様エンジンの燃費は1ℓ当たり2㎞が相場だが、これを直接生産車と比較するのはフェアではない。市販車でも加減速を激しく繰り返すと燃費が悪くなるが、レーシングカーはコースの特性に合わせて加速と減速を最速になるように繰り返すからこの燃費になるのであって、1馬力出すのに必要な燃料量で比較すると生産車のエンジンよりかなり燃費は良い。2013年までスーパーGTで使用されていた3400cc8気筒自然吸気エンジンも良かったが、この新しい規則のエンジンはさらに15%以上良くなっている。

低速セクター3からの立ち上がりと約1.5㎞の直線における最高速で出力特性が明確になる。

エンジンは空気中に21％含まれる酸素と燃料を化学反応で燃焼させてそのエネルギーをクルマの推進力として使う訳である。以前は際限のない馬力競争を抑えるためにエンジンに取り入れる空気の量を制限していた。即ち空気の取り入れ口にエアリストリクターを設けて吸入空気を制限し、同じ空気量でいかに馬力を上げるかの競争であった。この２０１４年からは空気は自由で単位時間当たり使える燃料量を制限しているので、同じ燃料量での馬力競争になっている。その技術の肝は燃焼速度を上げることである。

直噴エンジンの神業的な燃焼速度

エンジンの原理は燃料が爆発的に燃えて膨張し、その圧力でピストンを押し下げてクランクを回し、それをプロペラシャフトに伝えてクルマは走るわけである。ピストンは吸い込んだ空気と燃料の混合気を圧縮しながら上がっていくが、燃料は爆発的に短時間で燃えると言っても燃え切るまでに時間が掛かる（１０００分の数秒）ので、まだピストンが頂点に達する前に点火して燃焼を始めなければならない。早めの点火で燃え始めると燃焼圧が発生し、上がってくるピストンを押し下げる力として働く。これでは馬力を損するし燃費も悪くなる。だから点火をできるだけ遅らせて押し下げる力を減らし馬力を増やしたい。それには燃焼速度を速くして燃料が燃え尽きるまでの時間を短くする必要がある。

点火時期という言葉は、ピストンが頂点に達する何度前に点火させるかを示していて、自然吸気エンジンは多くの方がご存じのとおり35～40度なのに、直噴エンジンはなんと20度以下である。上がるピストンは空気だけを圧縮して縦や横向きの高速の渦を沸かせ、そこに直接燃料を吹き込み、点火させることで神業的な燃焼速度となる。レース仕様エンジンではこの燃焼速度を争っていると言っても過言ではない。

富士がエンジンの性能評価に向いているのは、最大馬力と立ち上がり性能

14年から採用された2ℓ直噴ターボエンジン。ターボチャージャーやインジェクターなどは共通部品となっており、燃料流量制限もあるため熱効率の競争となっている。写真はGT-Rに搭載されるNR20A。最大出力は600psを大きく超える。

を評価できるからである。クルマを押しとどめる風圧（空気抵抗＝ドラッグ）と加速させるエンジン馬力が釣り合うと、クルマの速度は上がらなくなりそこが最高速となる。ストレート部分が長い富士ではほぼこの釣り合いに達し、技術規則的にはGT－R、RC F、NSX各車種のドラッグが同じようになるので、車種間の最大馬力が相対的に推測できる。またコースを3分割して各区間タイムが計時されるので、コーナーが続くセクター3はエンジンの立ち上り性能が見えやすい。もちろんタイヤやセットアップ、空力で左右されることは承知のうえである。

NSXは岡山戦で不調だったが、同じエンジンを積むスーパーフォーミュラ（SF）での初戦鈴鹿戦では大活躍した。従って今回の富士戦でのエンジンへの期待は大きかったが結果は思わしくなかった。

手もと計測（後ろからのスピードガン）によると公式予選Q1でのRC F6台の平均最高速度は時速304km、GT－R4台の平均は時速303・5km、NSX5台の平均は時速302kmで2kmの差があったが、これは他の要素も考えるとエンジンの最大馬力はほぼ同等と見なせる。ところが区間タイムの各車種のベストタイムを比較すると（ベストなので予選2回目で比較した）セクター1の差よりもエンジンの立ち上がりの影響を受けやすいセクター3でNSXがやや劣る。本来ならばミッドシップのリア荷重のメリットが生きるはずが、重量ハンディとエンジンのレスポンス或いは中速域のトルク不足が懸念される。レスポンスでいうとターボエンジンにはアンチラグシステムも重要である。

エンジンの仕様には規則上のさまざまな制限がつくが、シリンダーの直径（ボア）は88㎜+−2㎜と自由度は高い。同じ排気量ならボアが大きいとストロークは短くなるので高速回転向きで、最大馬力は出やすいが、中低速トルクは細る傾向にある。また燃料流量制限はスーパーGTとSFで特性が異なる（2017年から統一）。スーパーGTでは100kg／hに達するのがエンジン回転7500rpmであるのに対し、SFは8000rpmである。これは魅力的な排気音出すことも含めて使用回転域を高速に振ったためと思われる（2016年から95kg／hになり、それに比例して各々到達回転は下がっている）。

そして最大燃料流量時に最大馬力は出るので、その到達回転数が異なるスーパーGTとSFでは適切なボアとストロークは違うことになる。

SFの鈴鹿戦のデータはないので乱暴な推論をすると、SFの車体重量が650kgに対しスーパーGTではNSXの場合1049kgなので、SFの立ち上がりではエンジンの中低速特性は問題にならないと言える。

だからＳＦを重視して高回転向きのボアを選び、それに伴い予想される重いスパーＧＴで問題となる低中速域の立ち上がり不足は、２０１４〜２０１５年にＮＳＸだけに投入されたハイブリッドシステムで補う計画だったと思われる。

２０１６年からハイブリッドシステムは搭載されていないので、ＳＦ及びスーパーＧＴの両方に適したボア×ストローク仕様にするべく改めて開発が進められていると想像する。既に最大馬力はほぼ同等とみなされるし、これからシーズン中に2回新規エンジンの投入が許されているので、その機会に中低速トルクやアンチラグシステムの改善が行なわれるのを楽しみにしたい。

６月のオートポリス戦が中止になり、次戦のＳＵＧＯまで11週間あるので、そこに第一弾が投入される可能性が高い。

3）２０１６年第４戦　ＳＵＧＯ　３００㎞

ＳＵＧＯにはなぜ魔物が棲むのか、それを論理的に解き明かす

いつも盛り上がるＳＵＧＯ戦であるが、２０１６年も接戦や好バトルが展開され見応え十分なレースであった。そして勝負師・近藤真彦監督（ＫＯＮＤＯ　ＲＡＣＩＮＧ）

の好判断が勝利を呼び込むというまるで事前にシナリオがあったかのようにドラマティックであった。

一方でSUGOはさまざまなことが起き過ぎて「魔物が棲む」とも呼ばれ、おどろおどろしいイメージもある。そこで今回はその魔物に迫ってみたい。

予想外のことが起きやすい状況を「魔物が棲む」と感覚的な表現で済ますのも良いが、これだけいつも何かが起きるということは論理的な理由もあるはずである。

スポーツランドSUGOには、日本のサーキットの中で他にない特徴が４つある。

●最終コーナーの上り、裏ストレートの下りのように大きな高低差がある。
●コース幅が最も狭い。
●１周当たりの距離が岡山とほぼ同じで短

近藤監督の采配が功を奏して＃24GT-Rが優勝。

い。レース距離300kmを走るのに周回数が多くなるので、速さの違うGT500クラスとGT300クラスが交錯する機会が増える。因みに他の300kmレースと比べて交錯する回数が1回多い。

●平均速度が速く、鈴鹿、タイ・ブリーラムに次いで、富士と同等の速さである。因みに予選結果から平均時速を計算すると、鈴鹿とタイ・ブリーラムが195km、富士とSUGOが190km、オートポリスが180km、もてぎが175km、岡山が170kmである。

日本で一番狭いコース幅のところを2番目に速い速度で走り、GT500とGT300が交錯する機会が最も多いのだから、接触事故や追越し違反、コースオフなど想定外のことが数多く起きて当り前である。だから観る人もチームも最初から最後までハラハラドキドキの連続である。

そして最終コーナーの急激な上りもドラマづくりの一端を担っている。一般的にレースの最終周に1、2位が逆転する例は稀なことである。それはトップを走るドライバーは、終盤になると周回遅れで前を走るクルマとの距離を測り、追いついてくる2位の後続車の強みを消し、弱みにハメながらトップでゴールを切る算段をしながら走っているからである。

しかしSUGOの最終コーナーの上りでは、一瞬のアクセルオフや、アンダーステア特性がクルマを減速させ、上りゆえに速度回復に時間がかかるから逆転の可能性が生じ、いくつかのドラマを生んでいる。

2003年の#36スープラのエリック・コマスと#6スープラの脇阪寿一の戦いは、最終周にテール・トゥ・ノーズでこの上りに差し掛かり、トップの#36スープラがわずかにアンダーステアを出し、ちょっとだけアクセルを戻したために#6スープラに並ばれ抜かれてしまった。ゴールの差はわずか0・082秒差である。並ばれてから#36スープラが再度抜きに掛かった時に接触し、ゴール後#6スープラの後部パネルが弾け飛んでドラマを彩る花火のようであった。

また2013年は、ややリードして前を行く#18NSXの小暮卓史が最終コーナーでGT300に引っ掛かった時に、追う#17NSXの塚越広大が巧みに#18NSXのアウト側にクルマを並べて#18NSXのライン取りの自由を奪ったので、ほぼ並んでの加速競争になった。結果は0・025秒差で#17NSXの勝ち。こういう僅差の逆転シーンはSUGOならではのものである。

対策したキルスイッチをピンポイントで直撃

さて、ドラマティックなことが起きるのは分かったが、それだけでは「魔物が棲む」とは言わないだろう。実はSUGOはGT‐Rに厳しく、冷たいサーキットである。スーパーGTの前身であるJGTCが本格的に始まった1994年から2008年までの15年間でGT‐RはSUGOでは1回も勝っていない。その間チャンピオンを7回獲っているから速さがなかったわけではない。これを「魔物が棲む」と言わないで何と言えようか。

読者の方の記憶にある近年の具体例を挙げると、2010年は残り6ラップでぶっちぎりのトップ走行中の#23GT‐Rの本山哲は、飛んできたタイヤカスがボンネット上のキルスイッチを切ってしまい、電源が落ちて再始動に手間取り優勝を逃した。実は前年の8月の富士戦で#24GT‐Rの荒聖治は、GT300のポルシェから外れたドアが飛んできて、当時のコック式のキルスイッチを切ったことがあった。そのため対策としてボンネットからわずかに顔を出すワイヤー式に変更していた。そのワイヤーにタイヤカスが当たったのだが、キルスイッチを切るには相当の力が必要で、角度を含めてピンポイントの当たり方をしたことになる。車載カメラの映像で黒い物体がキルスイッチに当たった瞬間、計器やモニターの電源が落ちたので原因が判明した。

2012年は、予選2位#23GT‐Rの本山と予選3位#12GT‐Rのジョアオ・パオロ・デ・オリベイラが、スタート直後の1コーナーで接触しそのままリタイアになった。こういうことが起こり得るとして、スタート前に両ドライバーに接触を避けるよう注意喚起していたが、ポールポジションの#6SC430が本山の巧みな牽制によりスタートをミスしたので、想定外の両選手の先陣争いが起きてしまった。

冒頭記したサーキットの要件がさまざまなドラマを生み出すのなら、他社へも魔物がちょっかいを出しても良いはずであるが、思い当たるのは少なく、2012年に2台のSC430と2台のNSXがトップ争いをしていて、レインボーコーナーで接触事故を起こし、4台が同時に脱落した時くらいである。トップ4がいきなり消えるなどということは有り得ないことで、魔物が跋扈（ばっこ）したことは間違いない。そんな時もGT‐Rへの恩恵は少なく、7位を走行していた#1GT‐Rが3位になった程度である。

2016年のSUGO戦は、GT‐R全車が公式予選Q1を突破できなかった。事前に立てた作戦は#12GT‐R、#46GT‐Rは優勝を含む表彰台、#24GT‐Rは天候次第でトップ狙いの賭けに出る、#23GT‐Rはランキングを争っている#37RC F

と#39ＲＣ Ｆより上位でゴールすることであった。

そして土曜日の公式練習では目標達成の目処が立っていたが、公式予選Ｑ１で魔物が牙をむき、多分初めてと思われるがＧＴ‐Ｒ全車が公式予選Ｑ２へ進めなかった。しかし激しいクラッシュをしながら#23ＧＴ‐Ｒのミシュランタイヤはラッキーにも１本のみの交換で済み、ペナルティを課せられないで済んだ（２本以上交換だとピットスタートとなる）。ということは魔物は土曜日に体力を使い果たしてしまい、決勝日はおとなしくなるのではと期待していた。

案の定、タイヤ無交換作戦に出た近藤監督の決断が功を奏し、加えてゴール数周前に赤旗でレースが終わるという幸運も手伝い、#24ＧＴ‐Ｒに魔物ならぬ女神が舞い降りてきて優勝をもたらした。

魔物に媚を売る禁欲生活

１９９４年から２０１６年までの23年間でチャンピオンを11回獲っているのに、ＧＴ‐ＲのＳＵＧＯ勝利は３回だけである。しかも力勝負で勝ったのは２０１１年の柳田真孝／ロニー・クインタレッリだけで、他の２回は天候変化の微妙な隙を突いたり、タイヤ無交換作戦であった。しかし2016年の予選、決勝の流れを見ていると魔物にもGT‐R疲れが見えてきたので、2017年以降は流れが変わるのを期待していたら、案の定予選でブービー、ブービーメーカーだった#46GT‐Rと#23GT‐Rがセイフティカー効果で2位と4位を得た。セイフティカーに助けられたとは言え最終ラップまでスーパーGTらしい素晴らしいバトルが続き、誰もが納得の行くレースとなった。

余談だが、2016年の我輩はSUGOの魔物に媚びを売るため、1週間前から自称禁欲生活をしていた。もちろんGT‐Rの好結果を期待してだが、それでも公式予選Q1で全車が予選落ちしたので、チーム関係者からは「普段どおりの生活で良いのに慣れないことをするからだ」と責められた。しかし決勝では魔物は息遣いさえ見せず女神が舞い降りてきた。はてさて、これからどのように振る舞うべきかと思っていたら、2017年も禁欲生活の効果があった。ということはシーズン中は禁欲生活を強いられることになる？　いやSUGOの魔物に限っての効果だと思っているので普段どおりで良いことにする。

4）2016年第5戦　富士300km

ニスモの
富士仕様エアロ開発ポリシーと
驚異の勝率

前戦SUGOの#24GT-Rの勝利に引き続き、第5戦富士も#12GT-Rが勝ち、ついにGT-Rが開幕以来4連勝を飾ってしまった。GT-Rに相性が悪くいつも魔物に翻弄されてきたSUGOでは、ドライバーやチームの頑張り、近藤監督の判断がうまくいき、#24GT-Rに奇跡が起きた。

一方で富士はSUGOの正反対でGT-Rに相性が良い。ここ10年を振り返ると20戦で10勝しており、勝率5割。現在の技術規則になった2014年からの3年では6戦中5勝を挙げている。今回の富士戦

富士スピードウェイ
全長4563m

14～16年ロードラッグ仕様で優位性を保った。

では、いつも慎ましやかな（？）我輩でもこの相性の良さを受けて、レース前から「GT-Rが負ける理由を見つけられない」などと不謹慎なことを言っていた。事実予選は1〜3、6位、決勝も1、4位と表彰台独占こそならなかったが相性の良さを証明した。

他のサーキットにはないこの相性の良さはどこから来ているのか？

ラップタイムで語れないロードラッグ仕様の必要性

クルマの空力仕様としてドラッグ（抵抗）、ダウンフォース（下向きの力）共に大きいハイダウンフォース仕様と、その逆のロードラッグ仕様があり、富士では両空力仕様でラップタイムはあまり差がないにもかかわらず、各社共に富士スピードウエイでのみロードラッグ仕様を投入している。

直線部が約1・5kmと長いし、ロードラッグ仕様と相まって最高速は時速300kmを超えるので、富士はハイスピードコースというイメージが強いが、富士のセクター2は高中速コーナー、セクター3は低速コーナーが連続するので1ラップの平均スピードは、他の鈴鹿やタイ・ブリーラムに比べて時速5kmほど遅い。またセクター2やセクター3では大きなダウンフォースも必要とする。それでもロードラッグ仕様を投入しているのである（2017年からは年間同一仕様に制限）。

スーパーGTではレース中の追い抜きが大変重要で、GT500同士の戦いでも直線部が長いとスリップストリーム（前車の真後ろに付き風圧を和らげる）を使った追い抜きが可能となり、GT300をコーナーで抜くのは大変だが直線部では数台を一気に処理することもできる。ラップタイムがほぼ同じでも、ロードラッグで直線部が速くなるのであればハイダウンフォース採用はあり得ない。もちろんロードラッグでありながら、セクター2、3ではしっかりとしたダウンフォースも必要だから、そのバランスのとり方に工夫が必要である。

この10年間、外観の変わるクルマのモデルチェンジや技術規則の変更もあったにもかかわらずGT‐Rが好成績を挙げ続けられたのは、ニスモ開発陣がロードラッグ仕様の高性能化に知見を有しているからではないか。

GT500の直線部の戦いはスリップストリームの使い合いから、直線部終わりの第1コーナーへの進入で前に出られるかを競っており、そこのブレーキ性能も大きく影響する。これにはセクター2、3の高中低速コーナーと同様にダウンフォースが効く。だから空力開発のポリシーとしてドラッグは他社並みで十分（他社のドラッグ性能は計測可能）とし、ロードラッグでありながらダウンフォースをいかに高めるかに注力しているように見える。

例えばロードラッグ目的のフリックボックスにわざわざカナードをつけてダウンフォースを得る一方、LMプロトカーでは一般的なロングテールをヒントにして、ドラッグ低減にリアフェンダーを規則制限いっぱい利用している。これは外観で見える部分だけであり、外から伺い知れないエンジンルームやボディ下面の規則で許される部位など工夫がいろいろありそうである。

時速100km走行の9倍の空気抵抗と付き合う

レーシングカーの開発の肝は、ストレートスピードとコーナリングスピードを速くすることである。それを空力という視点から述べてみたい。

高速道路で時速100kmのクルマの窓から手を差し出すと強い風圧を感じる。秒速に直すと28mであるから、台風の中を走っているのと同じである。スーパーGTのGT500の最高速は時速300kmだからその3倍、秒速84mの台風となるが、風速が3倍になると風圧は速度の二乗に比例するから9倍にもなる。レーシングカーは圧倒的な風圧を受けて走行している訳である。クルマの最高速は、もうこれ以上加速しないある一定の速度に達した時の速度をいうが、言い換えるとクルマが受ける風圧とクルマを前に押し進めるエンジンの馬力がバランスした時が最高速ということになる。従ってギヤレシオは、まずトップのギヤを最高出力の出るエンジンの回転数と最高速度が一致するように決めて、他のギヤは加速を良くしたり、各コーナーを走りやすくするように決めていく。

このように最高速も支配するような圧倒的な風圧を受けながらレーシングカーは走っているわけだから、この風圧と上手に付き合わねばならない。

ストレートを速くするには、風圧をいなして後ろ向きの抵抗（ドラッグ）をできるだけ小さくすることであり、コーナリング速度を上げるには、押し付ける力に比例してグリップ力が上がるタイヤの性能を上げるために、この風圧を下向きの力（ダウンフォース）に変えてやることである。

従ってドラッグを減らし、ダウンフォースを増やせば良いのだが、ドラッグが減るとダウンフォースも減り、その逆の関係もある。よってドラッグを減らしつつダウンフォースを増やす微妙なバランスを求めていくことになる。このドラッグ（D）とダウンフォース（L）の関係をL／Dという関係式で表し、この数字を大きくするように空力開発を行なう。空気という複雑怪奇な圧縮性流体は、気温や気圧で特性が変わり、粘度もあり渦も発生するのでコンピュータ解析（CFD）だけでは不十分で、ムービングベルト付き（走行中の地面を想定）のモデル風洞で実際の走行状態を再現して開発を進める。

空力開発はリアウイングやボディ上屋、下面の形状に眼が行きやすいが、実はＬ／Ｄを高めるために邪魔となる冷却系のレイアウトをどうするかも重要な項目である。

中学の理科の授業で教えられた「エネルギー保存の法則」にあるように、レーシングエンジンの熱効率を仮に40％とすると、エンジンに与えた燃料の熱エネルギーの60％を処理しなければならない。排気ガスで20％を捨てても残りの40％は冷却損失や摩擦損失としてエンジンにこもる。それを冷却水で集めてラジエターで空中に放熱する必要がある。

また最高速が時速３００km出ていて、次のコーナーを回れる速度が時速80kmなら、この時速２２０km分をブレーキで減速しなければならない。時速２２０km分の運動エネルギーはブレーキで熱エネルギーに変わりブレーキを高温にするからそれもまた放熱する必要がある。その他ターボエンジンの場合はインタークーラーも冷やす必要がある。

レーシングカーの場合、これらの放熱すべき熱が膨大になるのでラジエターやインタークーラー、ブレーキ放熱用導風口が巨大となる。これらは限られたスペースのクルマの前面に配置するし、ドラッグを大きくするものでもあるのでレイアウトや形状をどうするかで空力性能は大きく左右される。従ってレーシングカーのコンセプトを決める際、最初にレイアウトされるものである。

トラックエンジニアは自然と闘っている

さて空力開発にとって重要な、ボディ下面即ち床下の形状について述べる。

2枚の紙を平行にぶら下げて、その間に風を吹き込むと2枚の紙はくっつく。形が違っても、2枚間の距離が違ってもくっつき度合いが異なる。2枚の紙をそれぞれレーシングカーの床下と地面に見立て走行状態を想像すれば、ダウンフォースは床下形状の工夫で高められることや、床下と地面の距離が近いほど大きくなることが理解できる。従って床下の形状をＣＦＤで検討したり、それを風洞試験で確認しながら開発が進められる。

一方でやっかいなのが、走行中のクルマの姿勢がブレーキングではクルマ前部の地上高が下がり、コーナーでは外輪側の地上高が下がり、内輪側は上がるというように一定でないことである。実際のレースではブレーキングしながらコーナーに入って行くので、クルマの姿勢は複雑に変化して部位によって床下の地上高が変わり、ダウンフォースも変化する。この変化が唐突だったりドライバーの感覚とズレていたら運転しづらくなる。だから風洞でさまざまな地上高の影響を把握し（エアロマップという）、サスペンションのセットアップとの合わせ技で、ドライバーにとって自然なフィーリングにしながら、コーナリングの速さを確保していく。空気という得体の知れない代物は、粘度もあり湿度や気温で特性も変わるので、レース現場では風向も加味しながら空力の分野でもトラックエンジニアが自然と闘っているわけである。

2014年からの規則では、リアウイングや床下の形状が標準部品になり開発部位は少ないと思われがちだが、リアウイングに当たる風は上屋の形状で決まるから、ドラッグの天敵である渦を敢えて作ってリアウイングへの風をコントロールしたり、床下の性能も潜り込んだ空気を吐き出しやすくして効率を上げている。

GT-Rの開幕4連勝、そして富士における強さの秘密はこの空力開発競争に打ち勝ったということになろう。

余談だが、空気の重さは1立方m当たり（縦横高さが各々1m）1・2kgである。意外と重いと思われた読者が多いと思う。しかし水は1000kgであるから833倍重い。東北大震災の折、秒速4~5mの津波が家々を押し流していた。風圧や水圧は重さに比例して、速度の二乗に比例する。だから換算すると秒速4・5mの津波でも秒速130mの台風と同じ力が加わっていることになる。津波に限らず水流のある所での水遊びは要注意である。

5）2016年第6戦　鈴鹿1000km
戦略、エアコン……長距離レースで負けないためのリスク管理

鈴鹿1000kmレースは、昨シーズン来運に見放されてきた#38RC Fが2年ぶりの優勝を飾った。黄旗区間での追い越し違反が審議対象とされ、またかと思われたが不問とされたのは運が戻ってきた証拠であろう。これでランキング首位の#1GT-Rに対し10点差に迫り、#1GT-Rの独走かと思われたチャンピオンシップ争いも俄然面白くなってきた。残り3戦だが、次戦タイ・ブリーラム戦はハンディウェイト100kgの#1GT-Rに対し#38RC Fは90kgでほぼ同ウェイトになり、それ以降も成績の如何に関わらず順次56kg（38号車は45kg）、0kgと減っていき同じようなハンディの下での闘い

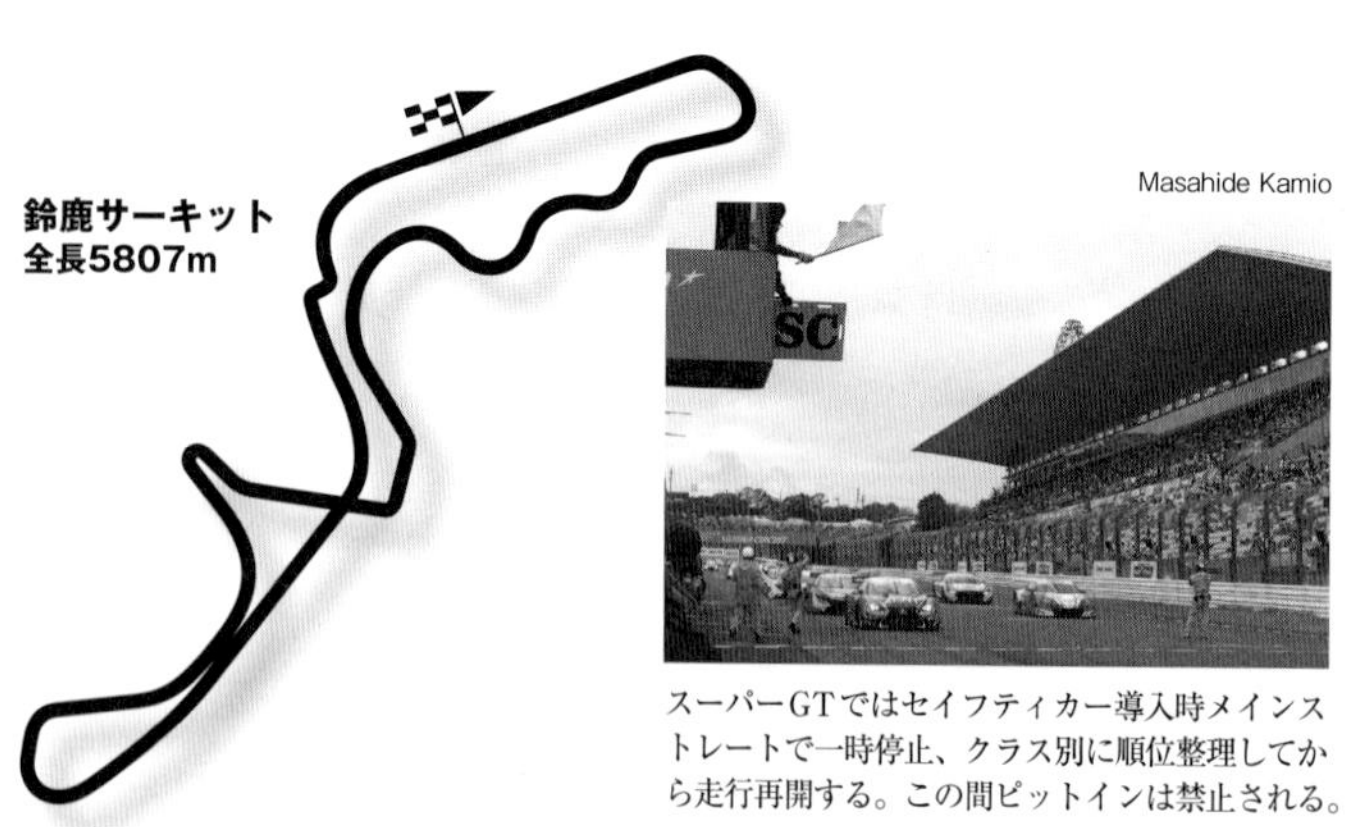

スーパーGTではセイフティカー導入時メインストレートで一時停止、クラス別に順位整理してから走行再開する。この間ピットインは禁止される。

となる。
#38ＲＣ Ｆは第2戦・富士500kmレースでセイフティカー明けのラップでガス欠に見舞われ、過去にも鈴鹿でピットクローズ時に給油せざるを得ず（ペナルティ対象）痛い目にあっている。2016年は2015年のＳＵＧＯ戦での混乱（セイフティカー導入時に全車が一斉にピットインしてきたのでピットレーンが大混乱に陥った）を受けて規則が変更され、セイフティカー出動中のピットインは禁止されやむなくピットインした場合は重いペナルティ対象となった。富士500kmでは、アクシデントによるセイフティカー導入中に#46ＧＴ-Ｒが燃料供給のタイミングに当たり、ピットインしたためにペナルティで戦線から脱落した。

29 ラップ均等ピットストップが定石

さて鈴鹿1000kmであるが、奇しくも表彰台を獲得した#38ＲＣ Ｆ、#46ＧＴ-Ｒにとって上記のような経緯を踏まえると、セイフティカーへの対処はレース前の戦略戦術を検討するうえで重要なテーマであったはずである。

2015年までは燃費ぎりぎりで戦ってピットイン回数を4回に抑える戦い方と、韋駄天走りに徹した5回のどちらか選ぶ戦略の妙味があったが、2016年から規則としてドライバー交代を伴うピットイン5回以上が義務付けられている。鈴鹿1000㎞は通常の300㎞レースの3・3倍を走るし、灼熱の真夏ということもあるのでアクシデントも多くセイフティカーの入る確率も高い。また5回も燃料補給があるからそのタイミングでセイフティカーという事態は十分あり得る。

鈴鹿1000㎞に勝つには、速く走り、壊れず、ピットミスを犯さず、天候の状況に適切に対処するという点では、特に他の300㎞レースと違うところはないが、このセイフティカー対応がリスク管理として重要な意味を持つ。セイフティカーが入ると大体5周くらい入っている。ということは5周走らせられる燃料を常にタンクに残しながらピットイン作戦を立てることがポイントとなる。

スーパーGTの燃費はレーシング走行で約2・0㎞／ℓだが、セイフティカー導入時は速度が遅いから4・0㎞／ℓになる。鈴鹿の1周は5・8㎞だからセイフティカー時の5周分は5・8㎞×5周÷4・0㎞／ℓ＝7ℓ。即ち燃料タンクに有効に使える7ℓを残してピットインを繰り返していれば、いざそのタイミングでセイフティカーが入っても5周は引き延ばせることになる。因みに100ℓタンクも吸い残しやポンプやパイプに残留する燃料もあるから、有効に使えるのは96ℓ。従って7ℓ引いて89ℓでレース走行できるのは、89ℓ×2・0km／ℓ÷5・8km＝30周となる。ということは30周以下の間隔でピットインしていればセイフティカーへの対処はできる。では5回のピットストップで1000km走り切れるのか？　鈴鹿1000kmレースは173周なので、5回ピットストップの6スティントだと、29ラップ均等のピットストップで若干余裕を持って完走できる。

優勝した#38RC Fは手元の記録では27周、31周、29周、29周、26周、31周の間隔で、第2スティントの31周を除けば、最後のスティントは残り燃料すべて使って走り切るだけだから見事にリスク回避して走り切った。また3位に入った#46GT-Rはタイヤの問題で16周目にピットインせざるを得ず、5回で走り切れるために32周間隔を2回行なったが、セイフティカーの餌食になるのは何とか避けられた。

人体生理機能も研究したエアコン開発

2016年の鈴鹿戦は灼熱とまではいかなかったが、夏場の暑いレースには必須となっているレース仕様エアコンシステムについて述べたい。

最近はあまり見かけないが、灼熱の鈴鹿ではレース中に熱中症で倒れるドライバーが何人もいた。

鈴鹿サーキットは高速コーナーが連続し、直線部であっても裏ストレートでは、全開で回る130Rの2秒くらい手前からドライバーの心拍数は毎分200拍近くまで上がる。従って運転中のドライバーがハンドルを切らないでリラックスできていて心拍数が落ちるのは、1周の111秒中ふたつの直線部を走る12秒だけで、ドライバーへのストレスが高いサーキットである。因みに富士は長いストレートのお陰で90秒中17秒はリラックスできている。

真夏の鈴鹿ではこのようなストレスに加えて、ドライバーが座るコックピットは60℃以上になり、体温は40℃にも達する。これでは体幹や脳の温度も40℃ということになり熱中症を引き起こす。これに対処すべく従来導入されていたのがクールスーツである。

クールスーツでは、ボックスに入った氷やドライアイスの中を通って冷やされた水が、レーシングスーツのアンダーウエアに縫い込まれたパイプを通ることで皮膚表面を冷やしていた。しかし皮膚は冷えるが防火服でもあるレーシングスーツの内側は湿度100%の環境にあるので、発汗作用が妨げられる。人間の体温調整は発汗作用が大きな役割を持っている。熱中症は皮膚表面ではなく脳や体幹部分の温度上昇によって引き起こされるので、皮膚の表面だけ冷やしても効果は小さい。加えて確立した技術ではないのでトラブルも多く、うまく機能しなかった。

そこでニスモとカルソニックカンセイが共同で、市販車部品を流用した新エアコンシステムを開発した。市販車のようにコクピット内全体を冷やすには、レーシングカーの発熱量が極めて大きくコンプレッサーを回すために大きな馬力損失があり現実的ではない。そこで人間の身体や生理的機能を研究したところ、身体の特定部を冷やせば熱中症対策に効果があることが分かりエアコンが現実的になった。

具体的には、まずヘルメット内に乾燥した冷風を導き脳の温度を正常に保つ。さらに口元と首筋にも冷風を導くことで呼吸を通じて肺を冷やし、首筋は皮膚近くを動脈が通っているので血液も冷やす。そして身体全体を包むように支えているバケットシートの背中部分に無数の穴を開け、そこからの冷風で背中や脇の発汗作用を促進する（シートは日英米

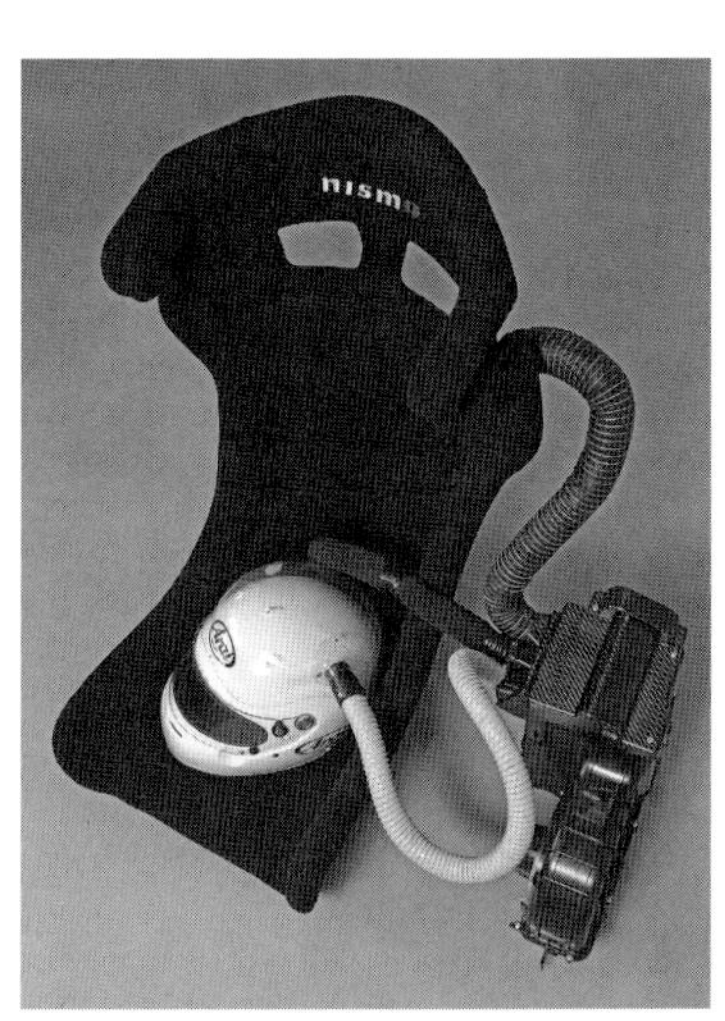

ニスモとカルソニックカンセイが共同開発したエアコンシステム。局所的に冷却してドライバーを保護する。軽量化にも貢献し、実質的な馬力損失もない。

で特許取得済）。これによってドライバーからも環境は大幅に改善されたと大好評であるし、その有効性はＧＴ‐Ｒだけでなく他社車にも採用されたことで証明されている。

システムそのものは生産車で信頼性が担保されているので、正常に使えば全くトラブルも起きないし、重量も10kgで標準的クールスーツに対し７kgの軽量化も果たしている。最大で４馬力程度の損失があったが、細かい電気的制御が可能であり、今はコンプレッサーを駆動するのはブレーキングやコーナリング中で、クルマを加速させる時は電磁クラッチで切り離すので、実質的な馬力損失はなくなっている。

一瞬の速さとは無関係の目立たない技術ではあるが、ドライバーの安全性の向上にも寄与する優れものである。

ピットインの戦略、戦術にせよ、エアコンシステムにせよ、レースはリスク回避のために人間が知恵を駆使する戦いということである。

6）2016年第7戦　タイ・ブリーラム300km

ＧＴ500ルーキードライバーの才能と３社３様の育成プログラム

タイのブリーラム・サーキットは路面がサラサラでグリップしにくくかつ高速コースなので、ウェイトハンディが効きやすく、ランキング上位勢は苦労すると思っていた。従って我輩はチャンピオンシップ争いに関係するレース結果よりも、比較的ハンディが軽い＃19ＲＣ　Ｆの関口雄飛と国本雄資、そしてホンダの若手・牧野任祐の活躍に関心があった。

まずスーパーフォーミュラ（ＳＦ）のランキング1位の関口と2位の国本（※２０１６年第６戦終了時点の順位）がコンビを組むヨコハマ（ＹＨ）タイヤ装着の＃19ＲＣ　Ｆである。２０１６年のＳＦは、石浦宏明、中嶋一貴、アンドレ・ロッテラー、オリベイラ、山本尚貴など２０１５年のランキングトップ５や、Ｆ１ドライバーに最も近いと言われるストフェル・バンドーン（２０１７年からはマクラーレンのＦ１ドライバー）もなぜか低迷している。巷間（こうかん）

タイヤ特性やフォーミュラとの重量差を乗り越えるためには慣れが必要。デビュー戦から他を凌駕した牧野に可能性を感じる。

言われるように2016年から採用されたYHタイヤへの適応はその要因のひとつだろう。

YHタイヤで速く走るには、スリップアングルの小さい（ステアリング角度が小さい）領域のシャシーセットが重要と言われる。タイヤテストが豊富にあるスーパーGTでの経験で、関口と国本はその勘所が分かっているのかもしれない。だからSFでの活躍でさらに自信を深めているそのふたりが乗る#19RC　Fが活躍できないはずはない、もし駄目なら今、SFで何が起きているのか迷宮の闇に陥ってしまうことになる。

結果は、#19RC　Fにタイヤトラブルが出た時のタイミングや#12GT-Rのペナルティなど幸運もあったが、ポール・トゥ・ウインを飾った。特に関口のトラブルが起きた時の冷静さ、繊細かつ果敢な走りが際立っていた。コメントや振る舞い方などスター性も備わり、これからの日本のレース界を引っ張って行けるドライバーである。

Q1とQ2のタイム比較でみえること

今回関口以上に注目していたのが牧野任祐である。2015年までカートやジュニアフォーミュラで活躍し、ホンダのスカラシップで2016年は戸田レーシングで全日本F3選手権に参戦する19歳である。鈴鹿1000kmではGT300、タイ戦でGT50

0にデビューした。

鈴鹿では初めて、フォーミュラカーではないいわゆるハコ車に乗りながら、公式予選Q1でGT300のコースレコードを更新して1位。タイでは初めてのGT500で、かつ未経験のBSタイヤで公式予選Q2を担当し、関口に次ぐ総合2位。決勝でも危なげない走りで2位表彰台を得ている。驚異の新人が彗星のごとく登場したと言って良い。

牧野に対して我輩は、全日本F3選手権でヤン・マーデンボローと競り合う展開を見る機会があり、戦闘力でやや劣るシャシーながら「雨の中で速い！ ひょっとしたら？？」とは思っていた。何故なら雨ではハードウェアの性能差をある程度ドライバーの才能で補えるからである。

しかしこの鈴鹿、タイの2戦での牧野の活躍はその「ひょっとしたら？？」を確信に変えた。ハコ車とフォーミュラカーは重量差があるだけでなく、出力差も大きい。タイヤ特性が異なることも加えて、速く走るには、「ある種の慣れ」が必要なのにいきなり速さと強さを発揮した。

絶対的な速さそのものは、GT500の中で2番目に軽い10kgのハンディということもあるし、タイヤやセットアップなどの異なる他車のドライバーと比較するのは無理がある。しかしF1では当然であり、レース業界で暗黙の常識となっている「チームメイト同士の比較」でも、牧野の才能は評価に値する。今回はチームからいろいろな牧野への配慮や外部からは見えない事情もあったかもしれないが、予選前の公式練習でも決して遅くないベテランのチームメイトを上回り、公式予選Q2を担当し、公式予選Q1のタイムを0・532秒も縮めて総合2位を得ている。これは他のどのQ2進出車より伸び代で上回っている。

日本の一流ドライバーがしのぎを削るGT500で、デビュー戦から他を凌駕する牧野には確信に近い大きな可能性を感じる。だから次のステップは定番の国内のSFではなく、海外のレースに羽ばたいてその才能を開花させてほしい（2017年は欧州F3選手権で活躍中である）。

ドライバー育成における厳しい宿命

若手ドライバー育成に関しては、その時々の自動車会社のトップカテゴリーが何かによって取り組みが違っている。現在ホンダはF1であり、トヨタはル・マン24時間を含む世界耐久選手権（WEC）や世界ラリー選手権（WRC）、日産はGT500が頂点となっているので、そこで活躍できるドライバーを育成することが必然となる。この目標設定と方法についてさまざまな意見があるが、株式会社の企業活動による真の社会的貢献は、①利益を出し納税する ②人を雇用する ③社会に害を与えない と言われており、限られた予算の中で株式会社として最大限の効果を上げるには、こうなるのは止むを得ない面がある。

かつてトヨタがＦ１をやっていた頃は、Ｆ１ドライバーの育成を標榜し、実際に一貴や小林可夢偉などＦ１で活躍するドライバーが生まれた。そして彼らは今ル・マン24時間を含むＷＥＣで活躍している。

日産は、全日本Ｆ３と海外のＧＴ３活動、及びバーチャルな運転訓練（シミュレーションによる訓練）を通じてＧＴ５００ドライバーの育成をやっているが、佐々木大樹や、千代のふたりは誰もが認めるレベルに達しＧＴ５００に昇格した。加えて高星明誠やマーデンボローなど次を担う人材も育ってきている。たとえ性能に劣るＧＴ３車両であっても欧州における不慣れな環境、低μな路面、初めて走るサーキット、アグレッシブなバトルなどはＧＴ５００ドライバーの育成の役割を十分果たせることを証明した。

ホンダはＦ１にチャンレンジしており、唯一日本人のＦ１ドライバーを育成するチャンスを有している。その究極の成果として、ぜひともＦ１のチャンピオン争いができるような一流を育てて欲しいと思う。

そのためには「努力や勉強や経験で速くなる人材」ではなく、「才能のある人材」をできるだけ早く海外（アメリカではなく欧州）に出し、努力、勉強、経験を現地でさせることである。牧野はその資格を有していると思う。

確かに才能を見出すのは難しい。しかし才能がなければいくら頑張っても一流にはなれない。見出すのが難しいからこそ見切りを早めて、見込みのある者とどんどん入れ替えていくしかない。残酷かもしれないが、冷たいかもしれないが「これは一流のプロを目指す者」と「発掘、育成する側」双方にとっての宿命である。

7）2016年第3戦＆第8戦もてぎ250km
科学的根拠のないジンクスの影響と39号車逆転戴冠のキーマン

今回もまたスーパーGT初の同一チーム、同一ドライバー（#1GT-R）による3連覇という偉業は達成されなかった。そして「開幕戦の表彰台を獲得したクルマはチャンピオンを獲れない」というジンクスがまたもや現実となった。勝負事は実力があってもその先に運不運も味方にしないと勝てない――改めてそのことを痛感させられたシーズンでもあった。

ジンクスとは科学的根拠なしに、経験に基づき唱えられるものだから、運不運と同様に神がかり的で、アカデミックを旨とする我輩の論説には相応しくないが、一方でそういうジンクスや運不運に50年間も翻弄されてきた身としては触れずにいられないテーマである。

歴史を遡ると、1994年のJGTC本格スタートから2008年までの15年間では、開幕戦表彰台のクルマが7割の確率で10回チャンピオンになったが、2009年以降2016年シーズンまでの8年間は「0回」でジンクス化している。一方、この間各シーズンのラスト2戦は2014年の第7戦・ブリーラムを除き、チャンピオンになったチームは必ず表彰台に乗っている。

何故2009年からなのか？　2009年からウエイトハンディシステムが変わり「最終戦＝ウェイ

同一チーム、同一ドライバーによる3連覇の偉業は達成されなかった。実力だけでは勝てないと痛感させられた16年シーズンであった。

トなし」となったので、シーズン前半を優勢に進めてきたポイント上位のチームがシーズン終盤で好結果を出して、チャンピオンになるのはあり得ることである。しかし現実にはそうなっていないし、そうならない理由を説明できないところがジンクスたる所以(ゆえん)であろう。

確かに、シーズンを通じて尻上がりに調子を上げてきたチームには勢いがあり、その流れで戴冠することは何ら不思議ではないが、だからと言って初戦から調子のいいチームだってタイトルを獲れない理由はない。

天災が招いた不利

実は、シーズン前の冬のテスト結果からストップ&ゴーのツインリンクもてぎでは、RC Fがタイヤブランドを問わず秒単位で速かった。だからRC Fの圧倒的速さを、日産陣営は十分認識していた。それに対抗するためには第7戦までに多くのポイントをリードする必要があったが、GT-Rが得意とする第3戦・オートポリスが熊本地震の影響で中止になった時点で、その目論見にほころびが生じた。代替戦が検討され、現在の過密状態のレースカレンダーを見ると独立したレースの開催は無理で、何戦目かのレースの土曜日に代替戦を併催するという選択肢しか残されていなかった。候補となり得る富士は5月、8月に加え年間3戦はできないし、鈴鹿1000kmの前日も走行距離からみて現実的でなく、必然的に最終戦のもてぎで2戦行なうことになった。GT-R勢は得意の富士戦を期待していたが、思わぬ方向になった。誰のせいでもない天災により、有利な所から不利なサーキットへ望まぬ方向にいくとは――ついつい運不運のせいにしたくなるわけである。

さて最後の2連戦に11ポイントリードして臨んだ#1GT-Rと、それを逆転してタイトルを獲った#39RC Fの戦いの推移をみてみる。

#1GT-Rは開幕2連勝して40ポイントを獲得し、一方の#39RC Fは第2戦、第3戦で各2位に入り30ポイントを得ている。そしてもてぎ2連戦前までの他の4戦で#1GT-Rは16ポイント、#39RC Fは15ポイントを得ていてほぼ互角である。

ということは開幕早々お互いに高得点を取り、ウェイトの重い状態ではチームやドライバーのミス、或いは運不運も含めて同じような闘いをしていることになる。そして結果が示すように、純粋に最後の2連戦の成績でタイトルの行方が決まった。

従って#1GT-RにSUGO予選やタイ決勝でのクラッシュ或いは、鈴鹿でのガス欠がなければチャンピオンになれたというタラレバは「お互いさま」であるし、前述のジンクスや運不運とも無関係である。

チャンピオン請負人の存在

以前にも書いたが、レースは屋外で行われるスポーツだから自然との闘いでもある。気象や路面状況を予想して持ち込むタイヤの選択やクルマの空力、サスペンションのセットアップなどが勝敗を左右する。果たしてRC F勢は判断良く仕事をこなし速さを発揮した。GT-R勢はストップ&ゴーのサーキットでは致命的となるエンジンセットアップや、タイヤ選択を外した可能性が高い。この土日の2連戦のレース形式は持ち込んだタイヤ選択を外すと挽回が不可能であり、今回のようにウェットコンディションで実質のフリー走行の時間が短くなると、サーキットに持ち込む前に決めたセットアップの優劣が結果に大きく影響する。即ち遅かった場合には仕様変更を試す時間が足りず、土曜の成績と日曜の成績は似たり寄ったりになる可能性が高いのである。実際に#39RC Fは2連戦で37ポイントを稼ぎ、#1GT-Rは6ポイントにとどまった。

戦前の#1GT-Rにとってタイトル争いの最大の脅威は10ポイント差で迫っていた#38RC Fであったが、好調RC F勢の中でも#38RC Fが2戦で得たのは7ポイントで#1GT-Rと同様に精彩を欠いた。そうした中#39RC Fが群を抜いた活躍ができたのは、やはり田中耕太郎エンジニアの存在が大きい。

各陣営には、実績を残して「チャンピオン請負人」と呼称されたり、ドライバーから「ぜひ組ませてくれ」と熱望されるトラックエンジニアが何人かいる。そのひとりである田中エンジニアは理論派で、自ら部品やシステム設計も行なうことのできる逸材である。2015年にレクサス陣営に移籍してきて活躍が期待されたが、さまざまな理由でスーパーフォーミュラを含めてなかなか結果が出せなかった。その不振の原因はひとつやふたつではなかろう。それゆえに本人も苦しかったと思うが、この大事

こちらはNISMOの請負人、中島健エンジニア。2011〜12、2014〜15年タイトル獲得に貢献。

な2連戦でクルマを完璧に仕上げ一気に華を咲かせた。因みに#39ＲＣ Ｆのシリーズ順位は２０１４年11位、２０１５年13位だったので、ヘイキ・コバライネン／平手晃平の両ドライバー及びチームスタッフと共に大きく飛躍した２０１６年であった。トラックエンジニアというと現場でのセッティングやレース戦略ばかりに眼が行きがちだが、田中エンジニアの場合は年単位でドライバーやチームの力を押し上げてきたことになる。彼の功績は非常に大きい。

ＧＴ‐Ｒがシーズン8戦中5勝を挙げ一方的に見えた２０１６年も、終わってみれば#39ＲＣ Ｆが逆転チャンピオンを獲得。さらにＢＳタイヤ3勝、ＹＨタイヤ3勝、ＭＩタイヤ2勝と今までとは違う景色も見られ、来る戦国時代を予見させてくれた。そしてドライバーも年齢を問わず新ヒーローが生まれつつある。

これからもまだまだジンクスがはびこり、魔物や女神が息をひそめて待ち伏せしているのであろう。また２０１７年から技術規則が変更されて再び知の競争が始まった。「天の時、知の利、人の和」が「勝利の方程式」であることに変わりはなさそうである。

※この章は２０１６年オートスポーツ誌に連載した渋柿論に加筆修正したものです。

第04章

スーパーGT総監督という仕事

最近でこそ「総監督」という肩書の人をさまざまなチームで置くようになったが、2004年に我輩が日産系スーパーGTチーム総監督に就いた頃は、一般的ではなかった。従ってその役割については先例がなく、我輩なりに考えて「日産系チームのどこかのチームがチャンピオンを獲ること」と定義した。そのためにどのように振る舞い、どういう仕事をすれば良いか考えながらやってきた。

結果として、その任にあった2004〜2015年の12年間で6回のチャンピオンのタイトルを獲った。我輩の力だけによるものではないのは承知の上で言うが、勝率5割はそれほど悪い結果ではない。

一般社会とは違う価値観

我輩が接するチーム関係者は、若い頃からモータースポーツを目指してそれなりの成功を収めてきた人達である。競争心が人一倍旺盛で、ストレスフルで、スリリングな勝負の世界で生き抜いてきた人たちだから、それを取りまとめて良い結果が出るように導いていくのは容易なことではない。極端な表現をすれば、一般的な社会ではあまり見られないような生き様が正義の世界だから、まずはそれに心からの敬意を払い、「柿元に言われりゃしょうがないか」と思われる信頼感を得るように心掛けた。もちろん実際にどこまで信頼感を得られていたかは別である。

どのチームもドライバーも、他を出し抜いてでも勝ちたいと思っているのは当然である。そういう中で、全体を見てチームによっては不利なことを指示する場合があるし、その指示に対し返事はイエスでも実際はそう振る舞わない、いわゆる面従腹背(めんじゅうふくはい)がないようにしなければならない。そのために日頃から我輩の言葉と態度に一貫性があるように努め、できるだけチームを分け隔てしないで、フェアに行動したつもりである。

スーパーGTはチーム戦だからと、よくチームオーダーのことが話題になる。確かにウェイトハンディ制の中では1戦1戦の結果も大事だが、チャンピオンというタイトル獲得に最大の価値があるので、それを達成するためにチームオーダーというのはあり得るかもしれない。しかしそれがファンの目におかしく映ったのでは意味がない。要は各チーム、ドライバー、ファンが納得のいく形でなければならない。

例えば、タイトルの行方が見え始めたラスト2戦くらいから、効果的な部品ができたけれど数に限りがある場合は、可能性の高いチームを優遇するとか、前を行くライバルを追いかけなければならない場合は、GT-Rチーム同士で遅いクルマが速いクルマをスムーズに抜かせ、逆にライバルに対しては正当な範囲でブロックするなどが考えられる。順位の入れ替えも、逆に入れ替えなかった時に「入れ替えればタイトル

レース中には阿吽の呼吸と目線でお互いの納得がいく行動をとる。

が獲れたのに、何故やらなかったのか？」とファンを含めてお叱りを受けるようなケースでは入れ替える場合がある。

要は事前に情勢分析をしっかりやって、タイトル獲得のための作戦を特に各監督が正しく共有することである。そしてレース中は阿吽の呼吸と目線でお互いの納得がいく行動をとる。そのためには、その時々で方針ややり方を変えるのではなく、どのチームにもフェアな常にぶれないやり方を長年にわたり踏襲し、関係者の信頼を得ておくことが大切である。

世の中の動向も見逃せない

レースを戦う上で、準備段階を含めて節目、節目の判断には技術的な知見も重要でありエンジンやシャシー、空力などについて専門家に近い知識が必要である。幸いなことに、元々エンジン・エンジニアが出発点だったので、シャシー・エンジニアがエンジンのことを理解するのとは逆で助かった。そして別項で書いたように東海大学工学部動力機械工学科教授を兼務したことで、技術をより深く掘り下げる機会があり、あらゆる分野の理解を深めてくれた。

競争は一定の条件下で行なわれる。その条件に落とし込む技術規則や、スポーティング規則をいかに自陣に優位なものにするかも戦略上重要である。ただしそれには参戦する全社の合意が必要でわがままだけでは通用しない。取り巻く環境や技術トレンドを反映した中長期的な規則動向を踏まえて、論理的に説得しなければならない。そのために、常に世の中の動向や先進技術にも気を配り、英国や日本の「AUTOSPORT」誌など国内外の専門誌や、時事や政治、経済に関する書籍や新聞などもかなり読み込んできた。

そして勝利を重ね、スーパーGTにおけるGT-Rと日産系チームの重みが増してくると、総監督としてシリーズ全体への責任が増してきた。スーパーGTの将来像だけではなく、足元のファンを増やし理解を深めるために、ホームページや専門誌など媒体へのコラム執筆や、分かりやすいレース解説などの形で積極的にその役割を果たしてきたつもりでいる。

細かい個々の仕事に直接携わらない総監督としての仕事は、今まで述べてきたような人間としての考え方や幅、立ち位置に行きつくのかもしれない。それが5割の勝率を生む原動力になったと信じたい。

総監督にまつわることを、いくつか述べたい。

1）規則違反の苦い思い出

2000年頃は、日産系としては4台のGT‐Rが参戦。NISMOは前年チャンピオンの#1GT‐Rと#2GT‐R、HASEMI MOTOR SPORTの#3GT‐R、TEAM IMPULの#12GT‐Rという構成であった。当時我輩に総監督という肩書はなかったが、NISMOからの2台を含め、技術開発や全体のチーム構成、ドライバー、戦略や戦術など実質的に総監督の役割を果たしていた。そして2000年シリーズの最終戦に起きた事件は、その後の我輩の総監督としての覚悟を決めさせる苦い思い出となった。

#1GT‐R、#16NSX、#12GT‐Rの3台が僅差でタイトル争いをしながら臨んだ鈴鹿の最終戦。それまで何かと車検の不備が指摘されていたので、事前に我輩はNISMOの監督としてオフィシャルに「車検はきちんとやりましょう」と働きかけていた。

それもあって予選後、トヨタ、ホンダ、日産から予選上位車各1台について綿密な再車検が行なわれた。日産は2位に入った#2GT‐Rが対象となり、何と燃料タンクの容量が規定の100ℓを3・4ℓ超過していて、明確な規則違反で失格となった。前戦のMINE戦でクラッシュしてラバー製のフューエルセルが損傷したので交換していたが、燃料タンクはそれを覆うコンテナで支えられているからコンテナの形状の影響も受ける。今回の場合、燃料タンク容量はコンテナに入れた状態でしっかり100ℓ以下に調整してきている。しかしクラッシュでコンテナも変形していたのを見逃していて、鈴鹿での走行Gでそのコンテナが元の形状に戻り、100ℓ超となったのである。

決勝レースは、容量を合わせ込んで最後尾からスタートして4位でゴールした。

再車検での失格、それも大所高所の立場で厳格化を提案した本人のチームが失格したのだから間抜けな話である。しかしJGTCの権威を失墜させかねない事の重大性に鑑み、NISMOとして事実とその原因、ファンや他チームへの謝罪を記したリリースを発行した。そして各チームへは我輩が直接出向いて説明を行なった。後でNISMOのそういう行為を「尊敬できるチームだと思った」というコメントを、メディアに対し名前を出して話したエンジニアもいた。

しかし、それまでNISMOのピットワークが速いという定評があったので、今回の違反事件で「ピットワークが速いのは、今までも燃料タンクが大きく補給時間が短かったからだ」とか「他の3台も失格だ」との風評もその後広がった。車検の厳格化を提唱した側が意図的な違反を犯すはずがないという状況証拠もあるが、しのぎを削って闘うとはこういうことである。そこまで人知や気力を振り絞って闘うからファンも魅力を感じるのである。

競技は一定のルールのもとで行なわれているので、参戦する側はルール順守が基本中の基本で、今回のような規則書に明記された数字に違反しているのは言語道断である。一方でその規則をどう解釈するか、いわゆる規則の行間を読むというのもプロの世界では当たり前で、その適否は最終的にはしかるべき機関に委ねることになる。それらは明確に区別して対応しなければならない。

いずれにしろ規則違反という行為は、参戦チームやオフィシャルの名誉、レースそのものの権威を貶めるだけでなく、ファンの期待も裏切ってしまう。もちろんヒトは間違いを犯すものであるから、それには寛

この年のチャンピオンは＃16NSXに奪われた。

容でなければならないが、総指揮官としての我輩に、再び同様な違反は犯さないという覚悟を決めさせた苦いが意味のある出来事であった。

2）常勝NISMO以外でのタイトル奪取

総監督としての役割は、日産系チームのどこかがタイトルを獲ることだと、この章の冒頭で定義づけた。しかしスーパーGTの前身のJGTC時代の一時期を除き、常勝軍団のNISMOだけがタイトルを獲り続けてきたので、その役割を正しく果たしていなかったことになる。

それはMOLAチームが柳田真孝／ロニー・クインタレッリを擁して、2011年、2012年と連覇するまで待たねばならなかった。

2008年には、R35 GT-Rでの復活をデビューウィンとチャンピオン獲得で飾り、2009年以降新しい戦略が取れる状況になった。そこで将来のル・マン24時間やグローバルな展開もにらみミシュランタイヤとのコラボを模索し、GT500でHASEMI MOTOR SPORTの#3GT-Rに装着した。

GT500の熾烈なタイヤ戦争の中、第4戦セパン戦で勝ち、シリーズ実質6位で終えた。しかし2010年には同チームがGT500クラスから撤退することになり、契約上のこともありNISMOの#23GT-Rにミシュランタイヤを装着することとした。このときはまだGT500でミシュランの活躍は限定的だったが、#23GT-Rへの装着を恐れていたのは、F1でその実力を知っているブリヂストンで、当時のH部長からはけん制する電話が入った。長いことお世話になってきたし、付き合いも長かったので諸事情を説明し理解していただいた。

2010年はプロペラシャフト折損のトラブルが続き、GT-Rのランキングは#12GT-Rの5位が最上位で、#23GT-Rは7位であった。ミシュランの体系的な開発手法は徐々に成果を上げつつあったが、ドライバーとの相性など諸々の条件が重なり、2011年は新たにGT-RでGT500への進出を果たしたMOLAの#46GT-Rにミシュランを委ねることにした。

ミシュランタイヤ開発に携わり相性も良いブノワ・トレルイエは、#23GT-Rへの装着にこだわった。事実セパンテストなど、シーズンオフのテストで明らかな進化を見せていたので、2011年の活躍は十分見通せた。しかしミシュランも弱みを100%克服していたわけではないし、その他の条件を加味すると元の鞘に戻すことはできなかった。一方で我輩は心中秘かに、ミシュランが本来の性能を発揮すれば、#46GT-R

でＮＩＳＭＯ以外のチャンピオンが生まれる可能性があると思っていた。

ＭＯＬＡがＧＴ５００にステップアップする大きな力となったスポンサーＳ Ｒｏａｄの安田光雄社長をＭＯＬＡの花輪幸夫社長から紹介された時、その安田社長に「46号車は今年のシリーズで何勝かして、チャンピオンも可能です」と言い切り、安田社長の驚かれた顔をよく覚えている。

そして、＃46ＧＴ‐Ｒ号と＃23ＧＴ‐Ｒ号車には最終戦までフェアにタイトル争いを続けさせて、ミシュランの進化と相まって＃46ＧＴ‐Ｒがチャンピオンを獲得した。なお、最終戦に臨みチームオーダーへの期待もあったかもしれないが、突然耳が遠くなって聞こえなかった。２０１２年は最終

MOLAが2011～12年と連覇。NISMO以外で結果を残せた。

戦の前にチャンピオンを決めるという圧勝劇だった。

総監督としてNISMO以外のチームがタイトルを獲るという自ら設定した役割を、この2011年、2012年で果たすことができた。図らずもとも言えるが嬉しいタイトルであった。一方でこの過程でトレルイエという傑出したドライバーの信頼を失い、2012年から世界耐久選手権（WEC）のアウディに行かれてしまった。いや、我々と共に戦ってきて成長した彼の実力が評価されて、上位のカテゴリーにステップアップしたのである。

3）「鬼手仏心」苦しいドライバーとの契約更改

勝つためにはドライバーの能力に頼るところも大いにある。レーシングカーというマシンと違い、心や感情を持っていてそのメンタルの強さもそれぞれのドライバーによって異なる。いくら速く、安定したドライバーでも「安心、慢心」という心の敵が勝れば、結果としてドライバー自身の地位をも脅かすことになる。

それはいくら言葉で指摘、指導しても心の持ちようだから、精神的に追い込まれるような状況に置かれないと改善は難しい。その解決方法のひとつが後継の若手ドライバーを育成して、レギュラードライバーのシートを脅かすことである。その緊張感が「安心と慢心」を心から取り除いてくれて、好成績につながる。それでもより速く、安定した若手が出てくればシートを失ってしまうので、残酷な世界であるが自らもそうして先輩を追い越してきたわけだし、この世界に入る時に覚悟もしていたはずである。

だから全チームのドライバー契約に関わってきた総監督として、シーズンオフの契約更改では苦しい思いをした。契約金を下げたり、勝てる可能性の高いチームから他への移籍で抵抗するドライバーもいた。しかし我輩からみればそれはたいした問題ではなく、シートを準備できないドライバーをどう処遇するかで頭が痛かった。

「鬼手仏心」という言葉がある。

レギュラードライバーに対する余計な温情主義は将来性のある若手ドライバーの芽を摘み、夢も壊し、チームとしての成績にも影響する。従ってドライバーの選抜や処遇は「鬼手」、即ち私情を排し冷静に客観的に判断する。一方で、シートを失ったドライバーには今までの貢献にも配慮して、「仏心」、即ち違う形でドライバー生活が成り立つようにする。この「鬼手仏心」に心掛けてきたつもりだが、ここにも人それぞれの心情が働くから、当然不満や恨みに類する気持ちを持つ人もいるだろう。我輩の不徳の致すところである。

4）ドライバーやマネジメントと血液型の相関関係

ニスモ経営の一角や、総監督の立場にいると、多くの人々の将来の運命を左右することになり責任は重い。だから会社やチーム存立の基本であるヒトについて、現在の能力や隠された潜在能力をできるだけ公正、正確に把握しなければと、ワラをもつかみたくなる。そこで一時期血液型に注目したことがある。最近の研究によると統計学的にも科学的にも、血液型と性格や能力の相関関係はないと言われているので、興味半分で読んでほしいが面白いことに気付いた。

日産系のドライバーにB型はいない。本山哲、松田次生、安田裕信、佐々木大樹、千代勝正、クインタレッリ、ジョアオ・パオロ・デ・オリベイラ、ヤン・マーデンボローのうち、本山と安田がO型で他の6人全員がA型である。他に目を向けると、中嶋一貴、小林可夢偉、山本左近、佐藤琢磨、脇阪寿一、道上龍、片山右京、関谷正徳、鈴木亜久里、中嶋悟、長谷見昌弘、星野一義、舘信秀、トレルイエ、ロイック・デュバルの中にもA型が大半でB型がいない。ではB型はレーシングドライバーには向かないのかと色めき立ったが、アイルトン・セナ、アンドレ・ロッテラー、小暮卓史はB型で、必ずしもB型が向いていないことはなさそうである。

しかしA型或いはA型寄りの人がレースに向いているのではと、何となく思っている。A型系の人の細かくていねいで、集中して取り組む性格や、物事を整理整頓して考えるところは、レーシングドライバーに必要な資質である。ドライバーには優れた感覚が必要だからB型向きではと思うところもあるが、クルマを仕上げて集中力を切らさずキチンと走らせるには不向きかもしれない。

かつて欧州でフォーミュラ・ニッサンが走っていた頃、A型寄りのドライバーとB型寄りのドライバーをテスト走行に派遣した。A型寄りはアクセルのちょっとした引っ掛かりを気にして乗車を拒否したが、B型寄りは数周後アクセルが閉じずクラッシュした。幸い大事には至らなかったが走行前や走行中の危険回避の意味でもA型寄りが向いているかもしれない。余談ながらB型の我輩から見ると、星野さんや本山、安田などは半端ではない清潔好きである。

B型の立つ瀬はないなと思っていたら、日産のモータースポーツをマネージメントしている人にはB型が多いことが分かった。

長いことサファリラリーや世界ラリー選手権（WRC）を引っ張った若林隆さん、1990年代初頭のル・マン24時間に関わった町田収さんや水野和敏さん、一時スーパー

GTのNISMO監督を務めた飯嶋義隆さん、ニスモ社長だった真田裕一さん、それに我輩である。全員日産自動車に新卒社員として入社しているが、いくらモータースポーツをやりたくても簡単にはやらしてくれない。会社という組織は業績を上げるために適材適所で人を配置するから、これらの人たちに何らかの適性を見出してモータースポーツの仕事に就けたところ、結果としてB型が多かったということになる。この少なくない偏在は単なる偶然ではなく、B型がモータースポーツのマネージメント業務に向いているという証明になる。

確かにB型は自己中心的で、我が道を行き、だらしない言動でひんしゅくをかうことも多い。若かりし頃付き合っていた彼女は、我輩がB型と知った途端によそよそしくなり、分かれる羽目になった。しかし、明るくアイデアに富み変化を厭わず、目立ちたがり屋で好きなことに没頭しながら少々のことでは動じないし、幸運が続いても運は尽きないで湧いてくるものだと思うほど前向きである。エキサイティングでスリリングな世界でチームを引っ張っていくには、こういう性格が合っているのかもしれない。

まあ、世の中は例外や、予想外の出来事で満ち満ちているから、ここに述べたことを真剣にとらえて悩まれないように切に願います。

5）総監督に課せられた危機管理

総監督時代に、最も神経を張り巡らせていたのが「危機管理」である。今はクルマもサーキットも、諸設備が安全になって、余程のことがない限りドライバーが大怪我したり死亡することはない。しかし危険であることには違いはない。師と仰ぐ難波靖治さんからは、昔からチームを率いる立場で「ドライバーやスタッフを死なせたり、再起不能にするようなことは絶対にするな」と厳命されていた。だから常に危機管理を意識していたし、総監督に就いてからは「何も起こさないし、万が一起きたら前面に立って対処する」と心に誓っていた。だから2015年シーズンを終えて総監督を田中利和さんに引き継げて、ホッとしているのが偽りのない気持ちである。

いや無事にというのはおこがましいかもしれない。2000年のJGTC開幕戦のもてぎで、#2GT‐Rの右京さんがブレーキのトラブルで90度コーナーのバリアに激突。頭を強打した右京さんを病院に運び込んだ。目まいや難聴などの後遺症に悩まされるほどの重症だったので、その時病院で我輩は平静さを失っていたが、右京さんが苦しい中、懸命に笑顔を作って接してくれて救われた。そしてその年のマレーシア・セパンで行なわれた特別戦で、#2GT‐R（右京／ミハエル・クルム）が総合優勝。心を覆う呪縛からやっと解放された。最近右京さんと会った際、「健康の維持、強化には、エアロバイクが手軽で良いよ」と親切に教えてもらったので早速実践している。

その後もリチャード・ライアンに関わる、鈴鹿の最終コーナー立ち上がりでのGT-R前方宙返り2回転や、岡山でのガードレールよじ登り事故などなど派手なクラッシュもあったが幸い大事には至らなかった。

これらのアクシデントを踏まえ安全なクルマ作りに一切妥協することなく、いざ事故が起きた時の対処についても、頭の中でより徹底してさまざまなケーススタディをするようになった。そしてそれは東日本大震災に遭遇した時に役立ち、命拾いをした。

6）危機管理が役立った、東日本大震災からの逃避行

2011年3月11日14時46分、東北地方を未曽有の地震と津波が襲った時、我輩はワイフと松島海岸の突き出た所にあるホテルにチェックインしようとしていた。その直前には明るかった空がにわかに曇り、大雪が降ってきて我輩の黒のタートルネックが真っ白になり、少し不安な気分になっていた。

クルマから荷物を持った仲居さんと一緒に玄関を入ろうとしたら、突き上げるような

衝撃と共に大きな横揺れが来た。建物は前後左右に大きく揺れ、「ザー、ゴー」という轟音と共に窓ガラスがバラバラと落ちてくる。揺れているのが自分なのか地面か分からない中、玄関前の駐車場には地割れが走り、駐車しているクルマは波打って跳ねている。ホテルの中から、従業員やお客が斜め走りに出て来て広場にへたり込む。とにかく揺れがひどく修羅場となっていた。

長い第一波が収まったあと我輩は意外と冷静で、咄嗟に状況を把握し、どう対処すべきか考えねばと思った。建物の崩壊や地割れの状況、津波の可能性、退避路の確保が頭の中を駆け巡った。

まもなく来た第二波の最中、「建物は崩壊まで至らなくても全く使えない、地割れは大したことはない、津波は海水面が下がってもいないし白濁もしていないからまだ大丈夫、ホテルに来る途中にあったトンネルが崩壊すると退避路が無くなる」などと思っていると、町が設置しているスピーカーが「大津波警報発令！　大津波警報発令！」と放送を開始した。それを機に前に読んだ吉村昭の著書「三陸海岸大津波」が頭をよぎった。そこで地面に座り込んでいるワイフに「すぐここを離れて帰るから、クルマに乗って」と指示し、仲居さんの手から荷物を受け取りながら、「今夜の宿泊はキャンセルする」旨伝えてクルマを出した。その時ワイフはショックで呆然としていたはずなのに突然、「夕飯にアワビの活造りを特注している」とのたまい、帰るのにしばし抵抗を示した。

　ガラスの破片が散らばる中、慎重にその場を立ち去ろうとしたら、少し盛り上がった丘へ避難中の地元の人たちから、「動くと危険だから、動くなぁ」と大声が掛かるし、駐車場へへたり込んでいる人達からは恨めしそうな目で見られ、敵前逃亡する落ち武者のような気持ちにもなった。しかし我輩は既に津波への不安がつのり、松島海岸駅の近くがかなりの高台との記憶があったので、そこに早くたどり着こうと焦っていた。途中のひどい地割れを、サファリラリーのサービスカーの経験で加速させながら飛び越え、10年モノの愛車シーマのフロアをしたたか打ったが、バックミラーでオイル漏れがないのを確認しつつ高台に無事に到着した。

　東北高速道道は当然通行禁止だろうと、仙台経由で国道4号線を目指したが停電で信号機が点灯せず大渋滞。脇道に入ると倒れたブロック塀が道を塞いで迂回もできない。そこで津波を警戒しながら、海岸線に平行して2～3㎞ぐらい離れた道を走り名取川方面へ向かった。ところがナビのモニター画面に、津波が名取川の堤防を越えて氾濫する様子や、どこかの街路に水があふれるシーンが映ったのでさて困った。どういう訳か自然にスポーツランドSUGO界隈の道路が脳裏に浮かび、仙台を大きく北側からかわせばSUGO～村田町経由で4号線にたどり着くと思われた。大渋滞の中をひたすらSUG

0を目指し10時間くらい掛かってたどり着き、それからは順調だった。普通のスタンドであれば、タンクにガソリンはあっても停電でポンプが作動しないと給油できないが、たまたま村田町付近に手動ポンプを併設した小さなスタンドがあり、20ℓだけレギュラーガソリンを入れてもらった。停電によって信号機がとまると、国道4号線のようなメイン道路はむしろ順調にノンストップで走行できた。東京の自宅に着いたのは翌朝6時半ごろで、実に16時間半にも及ぶ逃避行であった。品川駅界隈は前日帰宅できなかった人たちが駅に向かって、黒い塊となって歩いていた。東京と東北と離れた場所で地震に襲われながら、東京で自宅に向かう時間が同じというのは、何とも不思議な感覚であった。

当初、津波に襲われた時間帯は大被害の仙台空港辺りを徘徊している予定だったが、寄り道をしたので時間がずれて難を逃れ、チェックインの時間も遅れて咄嗟の離脱判断ができたという幸運も重なって助かった。

前の章で運不運を「天の時」と表現したが、運不運は「時、即ちタイミング」が左右するのだと改めて思った。そう考えると宝くじに当たる、事故に遭う、いずれの場合も、それを買う或いは遭遇するタイミングということになる。

しかし何よりも、さまざまな場面で冷静な判断ができたのは日頃の危機管理への意識のお陰だし、SUGO界隈の土地勘や、地割れの飛び越しなどモータースポーツを「生業(なりわい)」にしてきたからこそ助かったと言える。

7) 移動基地 Nフォースの設置

2000年代になると、レーシングカー技術の複雑化やレースの戦略、戦術の高度化、関係者の増加による混乱などにレース場の現場で対処する必要性が生じた。

そこで、シャシー&エンジン・エンジニア達の部屋やドライバーがリラックスする部屋、ミーティングルーム、無線・作戦ルーム等を備えた2階建ての巨大なトレーラーハウスもどきのMobile Headquarter通称〝Nフォース〟を新造した。これがトレーラーヘッドに引かれレースごとに各レース場を巡るわけであるが、日本の道路運送法で高さ制限があるため、現地に行ってから2階部分の屋根が伸びるようにして、ヘッドクリアランスも確保した。日産/ニスモのカラーである赤を基調に目立つ外観とし、内装もホテル並みの高級感を出してモータースポーツの洗練されたイメージの醸成に努めた。建築を趣味とする我輩が細部まで指示するので、ニスモと実際の運用を行なう京浜運輸の担当者は辟易していたに違いない。

２００１年に日本のモータースポーツ界としては初めて導入し、チーム戦とも言えるスーパーＧＴで好結果を得る縁の下の力持ちとなった。その後続々と他のメーカー系も導入し、今や各チームカラーでパドックが埋め尽くされている。

余談であるが、Ｎフォースの１階には我輩が使う総監督の部屋があった。そこはドライバーやエンジニア、時には監督が呼び込まれて怒られるので、通称「お仕置き部屋」と呼ばれていたらしい。らしいというのは、我輩自身全く自覚がなかったからである。

２００８年夏の暑い盛り、Ｎフォースは移動中にオイルホースが切れて発火し燃えてしまった。被害は大したことはなかった

車両、パーツ運搬のトランスポーターの間、中央に作戦ルームとなるNフォースを配置。

が、我輩の部屋だけは全焼してしまった。そのことで「総監督に対する皆の怨念のせいだ」という声が上がり、我輩は「お仕置き部屋」を知ることになった。そしてNフォースは2009年から2代目になり、総監督の部屋は2階に移っている。

人生で大切なことはすべてモータースポーツから学んだ

1）モータースポーツ計画が属人的に決まった良き時代

全員が会社運営素人でスタートしたニスモ

１９８４年9月、モータースポーツ専門会社のニッサン・モータースポーツ・インターナショナル（ニスモ）が創設された。その創業メンバーのひとりとして、難波靖治社長に引き連れられて技術部長に就いた。

元の日産自動車宣伝３課大森分室を改編したもので、社長以下役員、管理職の誰もが会社運営や経営に関しては全員素人であった。日産が１００％出資した4億９０００万円の資本金も、変態現物出資という土地や建物での出資だったので、現金はゼロ。従って出社した初日から資金繰りに追われた。従業員も大森分室からの人と日産追浜部隊からの出向者で構成され、人事課はまず従業員就業規則を作るところから始まった。また設計や発注、納品、部品の組み立てや実験はできるのだが、それにまつわる決裁、支払ができない。いわゆる購買機能がないのである。

そこで当時普及しつつあった電算システムを取り入れることになり、我輩が具体的な構想づくりや専門メーカーとの折衝に当たった。もとより慣れないことで半年後の初決算にやっと間に合わせたが、不具合も多発し満足に機能するには次の決算まで待たねばならなかった。

それでも何とかなったのは、ニスモは難波さんのための会社でもあったので、日産がさまざまな支援を行なってくれたお陰である。2年後にグループC仕様エンジンも手掛けるオーテックジャパンが創立される

1986年、若き日の星野一義とともにサルテ・サーキットに立つ難波社長。

が、その社長に〝スカイラインの父〟こと桜井眞一郎さんが収まるのも同じ意味合いがあった。難波さんはオーストラリア一周ラリーで優勝し日産（当時はダットサン）の名を世界に知らしめ、その後日産にモータースポーツ活動を定着させた先駆者であり、桜井さんはR380の開発者で、スカイラインの産みの親でもあったから、当時は功労者に報いる手段として会社が設立される時代でもあった。

従っておふたりのモータースポーツ計画に対する影響力は絶大で、彼らの意向で参戦カテゴリーなどが決まることが多かった。

交渉でエンジン予算を大幅超過。ル・マン挑戦への助走

1984年頃はバブル前兆期で、シルビアやスカイライン、ブルーバードに外観を似せたスーパーシルエットカーのレースが盛んで、日産／ニスモは長谷見昌弘、星野一義、柳田春人といったドライバーを技術支援していた。ちょうどスーパーカーブームと重なり、メンテナンスしている富士スピードウェイ周辺のガレージには、夜中でもファンの人垣ができるほど人気があった。ブレーキング時に排気管から派手に炎を吐くシーンが注目を浴びたので、わざと炎が出やすいようにエンジンをチューニングしたものである。

そのレースを盛んに応援していたのが宣伝部の内田盛雄部長で、彼は同時に当時日本のメインレースになりつつあったグループCカーで、ル・マン24時間に挑戦する夢を持っていた。

ニスモが発足すると早速その計画が動き出した。こちらは会社の立ち上げでバタバタしていたが、何よりまず開発に時間のかかるエンジンを調達しようということになり種々検討の結果、その頃アメリカのIMSA　GTPレースで戦っているエレクトラモーティブのV6　3000ccターボエンジンに的を絞った。このエンジンは市販のZに載っているVG30Tをレース用に設計し直して、ニッサンGTP　ZX-Turboに搭載していた。1984年11月になってニスモの難波社長、日産開発部門モータースポーツ担当である桜井部長、そして我輩がかばん持ちとしてエレクトラモーティブの本拠地・ロサンゼルスに交渉に出掛けた。

出掛ける前に内田部長から、エンジンに使える予算は○億円、参戦費用やシャシーを含めて総予算は○○億円だから難波、桜井両氏にも良く説明して超過しないように気をつけろよと厳しく言われていた。しかしおふたりに総予算まで説明したのがまずかった。エンジンに使える予算ではなく総予算が頭に残っていて、交渉の場ではお互いに相手に良い顔をしたいらしく、相手の言い分が通りがちであった。我輩は抵抗を試みたが「残りのシャシー分で何とかしろ。それがお前の仕事だ！」と一蹴された。その後シャシーも同じいきさつでマーチ社とローラ社に併注することになり、予算を大幅に超過してしまった。

さて内田部長や他のニッサン幹部にどのように説明をすれば良いか小物の我輩は悶々としていたが、おふたりは豪快に酒を飲み、何事もなかったかのような振舞いであった。内田部長への報告は思ったとおり「なにーッ、お前はクビだ〜」で終わった。しかし数日したら再度内田部長からお呼びがかかり「久米社長に相談したら『難波と桜井じゃ、こうなるのもしょうがない。超過予算は何とかしよう』ということになった。ついては至急予算の再見積もりをしろ」と指示された。難波社長に報告すると「あ、そうか」と、まるでこうなるのを予想していたかのような返事が返ってきた。

おかげで使える予算が増えて大助かりだったが、同じことを我輩にやれと言われてもとても無理である。おふたりの実績と人間味が通用する良い時代であった。

駐車場出口を封鎖して催促

お陰で環境は整ったが、まずは国内のグループCで結果を出さないと始まらない。1

984年12月から動き出して1985年シーズン中に結果を出すとなると、遅くとも夏の富士1000kmからは新シャシー、新エンジンで参戦する必要がある。バタバタではあるが、エレクトラモーティブ社やマーチ社、ローラ社と日程的には成り立つということで合意して、いよいよプロジェクトがスタートした。

しかしエンジン、シャシー共にスムーズに行かなかった。特にエンジンはアメリカのGTPカテゴリーとは違って、グループCは燃費規制（約2・0km／ℓ）があり、エンジン本体や制御システムを基本からやり直すので開発が遅れていた。その情報もタイムリーに来なかったので、岡寛さんと一緒に何回もロスまで飛んで開発を急がせた。しかし相手方の切迫感は薄く、夜になるとやり残した仕事はそのままに帰宅してしまう。業を煮やした岡さんと我輩は駐車場出口に車を停めて、スタッフを帰宅できないようにして開発を急がせたが、夜遅くなると彼らの奥さんが様子を見に来る。このままだと離婚問題が起きかねないし、そのとばっちりを食う可能性もあるので解放し、岡さんと我輩はそのまま車の中で眠り翌朝彼らを出迎えた。これが数夜続いた頃から彼らも本気になり急ピッチで開発が進みだした。

イギリスのシャシーも完成したのでエンジンを載せ、ロス近郊のリバーサイドサーキットでシェイクダウンを行なった。長谷見昌弘、星野一義、そして柳田春人が試乗し、最高速も出て加速もとても良いフィーリングだったので、皆大きな期待をもって帰国した。

しかし富士1000kmのために日本でグループC規定に合わせ、諸調整を行なったところ、まずシャシーの床下形状の応急処置が必要になった。エンジンも規定燃料で燃費を合わせようとしたらノックは出るしギクシャクして全く走らない。リバーサイドでの好調は、航空燃料と燃費無視がもたらしたものだとやっと分かった。それでも国内のレースを重ねて調子を上げ、11月に開催された世界耐久選手権（WEC）富士戦（「WEC in JAPAN」）に臨んだ。

「WEC in JAPAN」には、ポルシェ956／962Cやジャガー XJR‐6、

強雨を見方に。1985年WEC in JAPANの勝利でル・マンへの道が開けた。

トムス85Cなどが参戦し、シリーズの富士戦の前まではポルシェが圧倒的な速さを示していた。決勝は断続的な強雨で、タイヤの問題もあり外国勢は次から次へとリタイアを余儀なくされたが、ブリヂストンタイヤを履いたマーチ・ニッサンを駆る星野さんがぶっちぎりの総合優勝を飾った。他を周回遅れにしたのでペースダウンを指示したが、星野さんはアクセルを踏み続け、ヘアピンでは派手なスピンをやらかした。コース上で3回転して前向きに止まったので事なきを得たが、ピットにいた我々はその瞬間本当に心臓が飛び出しそうであった。

「WEC in JAPAN」に勝ったということで、内田部長が手塩にかけて準備してきたル・マン挑戦の幕が開いた。

ホットラインが機能した!? 第二期ル・マンプロジェクト

1990年代初期のバブル崩壊で、1992年以降グループCレースやグループAレースから日本の各社が撤退し、加えて日産は世界ラリー選手権（WRC）からも撤退していた。

そういう中、のちに日産の社長になる塙義一さんは当時副社長として開発部門の責任者だったが、スポーツ車両開発センターの部長である我輩によくお呼びがかかった。バブル崩壊で経営的に苦しくお金もなかったので、開発部門の長となると、持ち込まれる話はいつも商品開発に関わる頭の痛いことばかりだったはずである。対してモータースポーツは夢や希望を語れる、いわば明るい話題になるので、少しでも時間が空くと呼ばれてコーヒーを飲みながら、「景気が良くなったら何をやりたい」、「それはル・マンですよ」などと他愛なく喋っていた。

そして我輩は１９９６年7月から再びニスモに転籍することになった。当時は今と違って年功者を大事にする良き時代で、日産を去り転籍する人たち向けに、盛大な送り出しパーティが開かれていた。6月の株主総会で選出されたばかりの塙新社長も列席していて、我輩に「今度ニスモに行くんだろう。ル・マンはどうなっているんだ？」と語り掛けてきた。それ以上はなかったが我輩は一瞬背中をどんと押された気がした。

ニスモの2代目安達二郎社長は、バブル崩壊後の厳しい時代に日産のモータースポーツ再興に向け、何が最適かを熟慮しル・マン復帰に賭けていた。普通の手段では無理なので草の根運動でそういう機運を盛り上げようとクラブ・ルマン（現ＣｌｕｂＮＩＳＭＯ）を立ち上げ、１９９５年からＲ33 ＧＴ‐ＲをベースとしたニスモＧＴ‐ＲＬＭでル・マン24時間への参戦を開始していた。塙社長の耳にも当然それは入っていたであろう。

7月にニスモに出社すると安達社長と相談し、すぐル・マンに関わる検討を開始し、9月には鈴木亜久里を介して、英国のトム・ウォーキンショウ・レーシング（TWR）との具体的な契約交渉に入った。

ル・マンほどのプロジェクトとなると、社内の検討などで時間を要してなかなか進展がないが、元人事部門で先輩、後輩という関係にあった塙、安達のホットラインが機能したのか、驚くほど素早い意思決定がなされた。塙社長は経営悪化で意気消沈している社内を盛り上げようとし、安達社長は日産のモータースポーツの再起を図ろうとしてのことで、まさしくふたりの意志が立ち上げた第2期ル・マンプロジェクトであった。

なお、現在のニスモのブランドロゴの基本形は、安達社長がこのプロジェクトに合わせて創ったもので、第3代目の佐々木健一社長が赤丸を白抜きの赤楕円に変えて現在に至っている。難波社長時代の最初のロゴは、さまざまな案の中から内田部長の一声で角の尖った青字のロゴが決まった。このようにロゴについても属人的で、ひとりの意思決定で決まる時代であった。

2）異文化との確執と学び

国の数だけ正義があると言われるが、それだけ世界はさまざまな慣習や考え方があり常識が違うということである。それは一口で文化が違うと表現される。

頭の良い人なら読書や、有識者の話などからそれを理解して上手に対応できるのであろうが、我輩は「百聞は一見に如かず」派で、実際に体験しないと理解できないし、それも外国の単なる観光旅行程度では表面的な理解に終わると思っている。

従って、海外でモータースポーツという仕事をする機会があったことは、我輩の視野を縦、横、高さ、時空間の四次元に広げ、事に臨んで落ち着かせてくれ、人生を幅広く豊かにしてくれた。

最初は些細なことであったが、１９８１年に西ドイツ（当時ドイツは東西に分裂していた）のローカルラリーに参戦した時である。日本では高度成長優先の時代で、煙突の煙はモクモク、クルマの排気ガス規制も始まったばかり。まして騒音問題は話題にもなっていなかった。ところが西ドイツでは既にグリーンパーティの活動が盛んで、ラリーの開催に騒音や排気ガス汚染、道路を破壊するという理由で反対運動が起きていた。近隣の幾つかの市を上げての開催だったが、少数の活動家の反対でラリーの直前にルートの変更や日程の短縮を強いられた。

今から思うと当たり前のことだが、当時はイケイケで環境問題は成長の邪魔とくらいに思っていた我輩は、その環境という力の持つ現実に直面して面食らった。

これは序の口だったが、その後苦しみ、悩んだ異文化との確執と、そこから学び成長した体験を述べてみたい。

ドライバーは家族持ちを選べ。サファリで学んだこと

1979年からシェーカー・メッタを擁して3連覇中だったサファリラリーにエンジニアとして参戦した。結果としてメッタの4連勝が成ったが、チームメイト同士ということでメッタとラウノ・アルトーネンは壮絶な戦いを繰り広げた。

当時のサファリラリーは東アフリカのケニアを中心に、周りの国のウガンダやタンザニアなどを巡って5000kmを走るので、ラリー車のメンテナンスを担うサービス隊は5つのグループに分かれ、ラリー車に先回りしてサービスポイントを設置し、終わったらまた次に移動することを繰り返す。そして先に入ってきたラリー車にメンテナンスの優先権があるので、競い合っている者同士は先陣争いが激しくなる。メッタとアルトー

ネンのクルマはフェンダーをぶつけ合い、タイヤハウスには草木をいっぱい引っ掛けて入って来る。狭いラフロードでどうしてそういうことができるのか想像を絶し、日頃温厚なメッタでもその時は人を寄せ付けないオーラを発し、眼が据わっていた。その時思い出したのは、いつか見た太平洋戦争での写真であった。敵の陣地に切り込んだ後、日本刀の刃こぼれを点検している軍曹の写真で、彼と同じ眼をしていた。

当時日産は若林隆監督が指揮を執っていた。

サファリのサービスカーは大型、小型合わせると30台くらいになる。日本人スタッフはサービス作業に専念し、運転は現地の人に任せるべく募集する。そのドライバーの選抜は「結婚していて、子供のいる家族持ちにしろ」と若林さんに指示された。サービスカーは足まわりもエンジンも強化してあるからラリー車に近いし、当時のケニアの市販車に比べたらはるかに速い。だからついつい飛ばして安全運転が疎かになり危険である。家族を愛する気持ちは万国共通だから、それを歯止めにしろということである。

また当時は泥棒が多くて、借りている大きなガレージで時々モノがなくなった。そこでスワヒリ語でアスカリと呼ぶガードマンを2名雇ったが、若林さんには「油断するな」、「隠れて盗む性癖があるから、それを満たすために冷蔵庫にウイスキーのボトルを入れて『飲むなよ』と言っておいて、チビチビ飲む分は許してやれ」、と言われていた。それで一時は良かったがまたモノがなくなりだした。状況からしてアスカリのしわざと思ったので、厳しく責めるのではなく日本人的に「人は過ちを犯すもの、今回は見逃すからもう二度とするなよ」と諭して様子を見ることにした。

しばらくしてサービスカーのスペアタイヤや部品がゴッソリなくなって、当のアスカリ達も消えてしまった。我輩の現地知らずの大甘のせいで、出張してきていたダンロップタイヤの植田敏明さんに大変な迷惑を掛けてしまった。

またホテルで若林さんと同室になった時、毎朝早く起きて机に向かっている姿を見た。覗くと今日やるべき項目をノートに書き連ねている。リストを「決、未決」とチェッ

1979年からメッタはサファリ4連覇する。

クしているのでない。毎日書き出すことで反芻し、段取りなどを組み立てていたのだと思う。だから仕事の漏れやミスがほとんどなかった。

当時のケニアは、政治はケニア人、経済はインド人というように政経分離がはっきりしていた。サファリラリーはお金もかかるし、国威発揚にも使われていたので、両方に目配りが必要であった。そういうところでライバル同士を上手に競わせ、万人に共通する気持ちや現地の人の特別な行動パターンなどを深く理解して、異国でチームを率いる若林さんの姿に学ぶことが多かった。恩人である難波さんと共に大変お世話になったが、晩年はおふたりに確執があり、残念で悲しい思いをした。

趣味人が豹変するキース・グリーンさんの記憶

1985年の世界耐久選手権（WEC）の富士で優勝して、翌1986年ル・マン24時間に日産として初めて23号車（R86C）32号車（R85C）の2台で参戦した。

ラリーはともかく、市街地に近い場所で行なわれるル・マン24時間で、食事のケータリングサービスが重要であることにまず驚いた。確かに街のレストランに行くと、ランチに2時間を掛けてしまい仕事はできない。また当時のル・マン、サルト・サーキットは設備も不十分で、スタッフの休む場所やミーティングの場所もなくテントなど自前で準備しなければならなかった。我々は準備不足で、それこそ極東から来た未開人のように見えたかもしれないが、屋外で椅子やテーブルもなく弁当を広げて食べた。

ル・マンでの経験豊富なキース・グリーンさんを32号車の監督兼全体の指揮官として雇った。古いクルマを愛しさまざまな小道具集めを趣味としていて、当時日本では珍しかったファイロファックスのシステム手帳や凝ったアーミーナイフとかを我輩にプレゼントしてくれた粋な人であった。しかし一旦ル・マンのことになるとエメラルド色の目が射るような光を発し、何故か日本人に対して厳しい言動に終始した。32号車は長谷見昌弘、和田孝夫、ジェイムズ・ウィーバーというドライバー体制だったが、体形の違いからシートポジションの基準を長谷見さんにするかウィーバーにするかで揉めに揉めて苦労させられた。

星野一義、松本恵二、高橋健二という布陣の23号車は、ギヤボックスのトラブルで早々にリタイアしたが、アルナージュコーナーをミスコースして直進したとか、ユノディエールで大きな事故があり怖くなってピットに戻ってきたなど、当時ならではののどかな逸話もある。32号車は、ピットインのたびにエンジンの再始動に手こずり、バッテリーが駄目になるトラブルを抱えていた。手持ちのバッテリーがなくなり、たまたま隣のピットのワークスポルシェが同じ仕様のバッテリーだったので、彼らから借りて総合16位、日本車最上位で完走した。「ル・マンへ、ようこそ」とまずは敵から塩を送られての完走だったが、初戦度としての手応えは十分で日産内外でさらなる上位への期待が高まった。

残念だったのは、日本のある週刊誌から派遣された著名な評論家に、日産チームが社旗と日の丸をピットに掲げていたのを「現地ではひんしゅくをかっていた」と書かれたことである。当時の日本での日の丸の扱いは芳しくなかったが、欧州では全く問題はなく、ましてル・マンを主催するフランス西部自動車連盟（ACO）は、自動車メーカー同士のナショナリズムの対決を望んでいた。

日本人を差別視する気配は確かにまだあったが、それは太平洋戦争や日の丸とは無関係で、台頭する日本の経済力に対する警戒感からくるものだと思った。それは単なる取材旅行では分からない、相手と真剣に渡り合うような仕事を通じて初めて分かることだと、我輩にモノの見方に対する自信を与えてくれた。

復路に余談がある。決勝中はエンジンの再始動不良で苦しんだが、それは主催者ACOが供給するガソリンに原因があるようだし、エンジン性能を高めるためにもガソリンの性状を調べる必要があった。そこで少しでも早くと帰国便の手荷物で持ち帰ることにした。当時は手荷物規制も曖昧だったので、出たとこ勝負でガソリン3ℓ入りのプラスチックボトルを「リキュール」だと申告したらあっさりOKとなった。しかし高度が高くなると気圧が下がってボトルが膨らむ恐れがあることを搭乗してから気付き、飛行中は荷物格納庫で漏れて発火しないかとドキドキして一睡もできなかった。実際は気圧低下しても1気圧以上は掛からないので全く問題なかったのだが……。

石の欧州文化と紙と木の日本の文化

ニスモに遅れること2年、1986年9月に桜井眞一郎さんを社長とするオーテックジャパンが創設された。既に開発着手されていたV8エンジン（VEJ30）をオーテックが引き継ぎ、そのエンジンで1987年ル・マンに臨むことになった。

1987年ル・マンは、V6エンジン（VG30）車1台と新V8エンジン（VEJ30）車2台の計3台体制で臨んだが、新V8エンジンが耐久信頼性に欠け水曜日に始まった予選から次々に壊れ、とうとう土曜日の決勝スタートに使えるエンジンがなくなった。そこで急きょ日本からシリンダーヘッド2基分（4枚）をエンジニアが飛行機の手荷物で持ち込み、シリンダーブロックの傷ついたライナーはメカニックが手でホーニングレ、ピストンや軸受メタルは他のエンジンから外し、2基のエンジンを組み上げた。

　そういうエンジンだからV8エンジン車の完走は望むべくもなく、一縷の望みをV6エンジン搭載車に掛けたが、クラッシュしてしまい早々に消えた。一方でエンジンを労わるために、回転数やアクセルの開け方に気を使ったV8は想像以上に良く走り、一時12位まで上がり夜明け前まで走り続けて万事休した。このレースは全出走車50台中完走12台という悲惨なレースで、他の日本車も全滅した。

　このころ日産では、後に世界一のグループCエンジンと呼ばれる林義正さんのVRH35の開発がスタートしており、これが1991年ル・マン24時間の総合5位、19

R91CPが1992年デイトナ24時間で優勝。

92年デイトナ24時間の総合優勝に結実する。

第一期ル・マン挑戦は手探りで参戦を始め、日本人らしく着実に進化させて1990年総合5位の結果を出した。しかしバブル崩壊の影響は大きく、継続すればル・マンの総合優勝も望めたであろうが撤退の止むなきに至った。

欧州の考え方は短期成果主義と言われるが、ことモータースポーツについては地道に長期的な取り組みが行なわれ、むしろ日本の方が短期に結果が出ないと撤退ないし休止に追い込まれる例が多い。

欧州の長期的視点に驚いた例を挙げておこう。

100年という契約については、欧州と中国の間の香港やマカオなどの租借権などの例は知っている。国対国だから違和感はないが、FIA（国際自動車連盟）がF1の商業権についてバーニー・エクレストン氏の会社と100年契約を結ぶ過程を垣間見た時は、驚きそのものだった。当時FIAの委員会で、何世代も先になる契約終了の際の取り決めなどを、紆余曲折はあるにせよ普通に議論して、粛々と結論を出していった。

またフランスには、400年くらいの歴史を持ち、200年前のナポレオン時代に成文化された民事を裁く商事裁判所があり、裁判官は素人の街の有力者が務めている。ル・マン市に本拠を置くプライベートチームとル・マン参戦に関する契約上の問題が起きた時、そこに駆け込まれて訳の分からないことを主張され往生した。

いつまでも残る石の欧州文化とすぐ朽ちてしまう紙と木の日本の文化は、それぞれの先祖の時代から何万年もかけて遺伝子に刷り込まれてきたのだから、我輩が違和感を持つのは当然と言えば当然である。だから欧州勢は長期的取り組みが基本であり、よく言われる短期成果主義は単にビジネスの世界だけのことだと思われる。

トップダウンの欧州流と合議の日本流で確執

1996年7月、ニスモに転籍となって出社するとすぐ、ル・マンに関わる検討を開始し、9月にはイギリスのトム・ウオーキンショウ・レーシング（TWR）との具体的な契約交渉に入った。

何故TWRかというと、1996年のル・マン24時間は、ポルシェのエンジンを搭載するTWR製オープンボディのWSC-95・ポルシェが総合優勝していたからである。日産が翌年の1997年から参戦するとすれば残された時間が少ないので、まずはこのTWRシャシーに実績ある日産のグループCエンジンを搭載してトップ5内の結果を出し、それと並行して日産らしい新シャシーを開発して、残り2年で総合優勝を果たす心

積りであった。TWRの総帥トム・ウォーキンショウもこの考えに賛同していたが、契約の段になって問題が発生した。

それまで日産のモータースポーツ計画は、プロジェクトがスタートするとすぐ結果を求められることが多かった。期待が大きいのは嬉しいが、結果が出ないとその後の予算処置等に支障が生じた。従って今回はそういう轍を踏まないように工夫した訳だが、契約の段になって社内から「メーカーが参戦するのにオープンカーでは如何なものか？　クローズドボディでニッサンの特徴を表すデザインとすべき」という強い指示が出てきてバタバタが始まった。我輩が現場の責任者であるから、このことにもっと持論を主張し、当初考えたとおりに進める

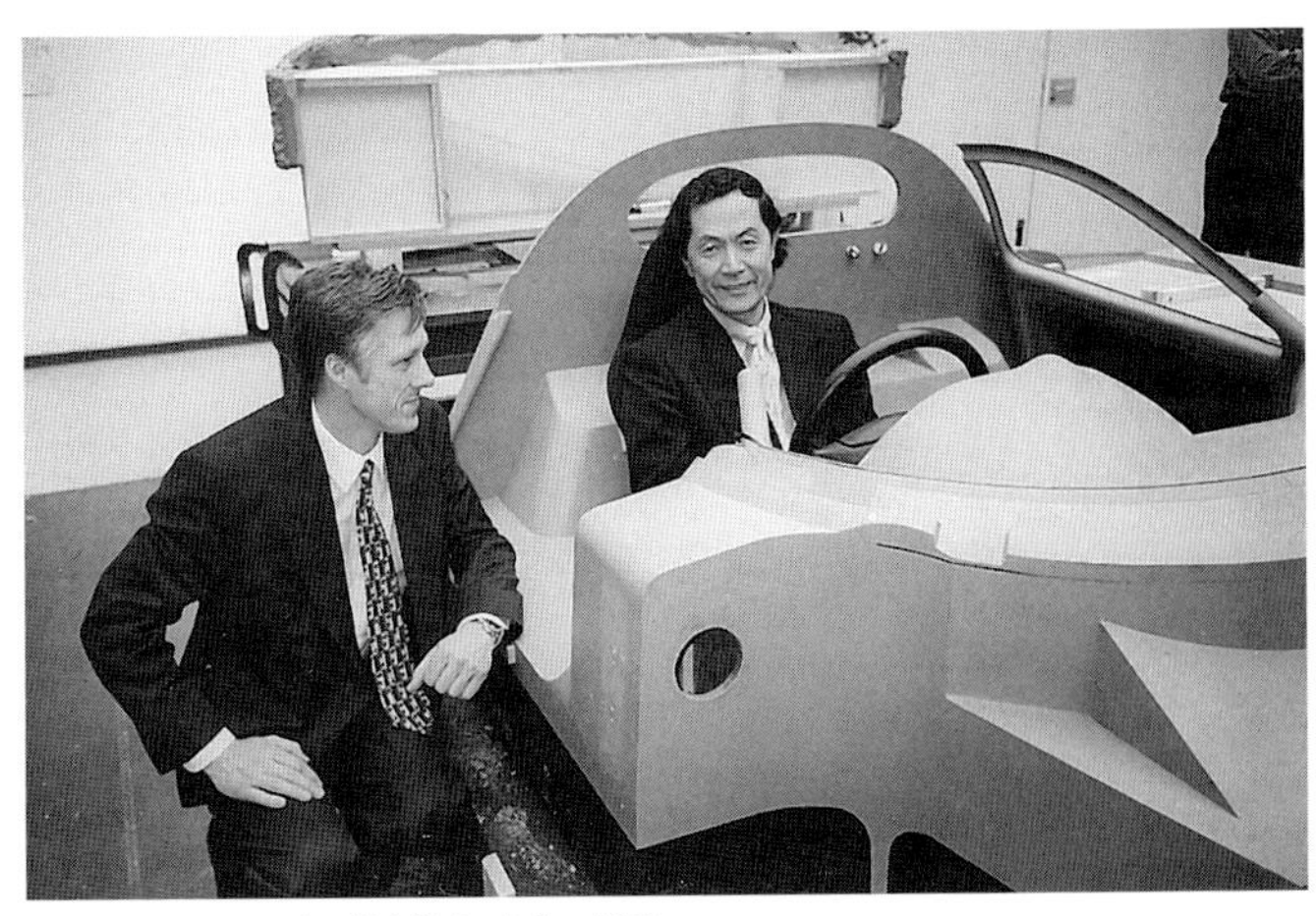

オープンボディの予定が社内指示で急きょ変更に。

べきところを力不足で押されてしまった。

実際に具体的な設計等が始まったのは11月なので、ル・マン24時間の決勝まで7か月余りしかない。ニスモやTWRの日本人と欧州人の混成チームで、短期間で結果を出す必要があり、プレッシャーで現場は殺気立っていた。お互いの確執は農耕民族の日本人と狩猟民族の欧州人の文化の違いからくると誰もが気安く言うが、仕事そのものがレースを戦うことだから確執も生半可ではない。

具体的にいうと、何か決めるのに日本では会議で決める。しかもいないところで決まると俺は聞いていないよとモチベーションを下げる人もいるので、関係の希薄な人も会議に参加させる。それに対し欧州では決めるべき立場の人が、必要な情報を得て決断する。極端に言えば上司の決めたことは朝令暮改でも部下は従う。だから我輩の日本的な合意形成重視のやり方に、「責任を取りたくないから、会議をやって共同責任にしたいのだろう。効率が悪い」と面と向かっていう英国人もいた。そうなると指導力も発揮しにくい。

また日本では良いとこ取りを奨励し、三人寄れば文殊の知恵というように、個々人の個性や能力より集団としての知恵を重視しがちであるが、個人として屹立しないと生きていけない風土で育った彼らには、日本人のひとりひとりは頼りなく見えるようである。

ル・マンに勝つという到達目標は同じでも、そのやり方の違いは追い込まれて必死であればあるほど顕在化して、進捗を図るのに苦労が多かった。しかし実は彼らもどうやったら日本の文化や風習を理解して、仕事を進めるべきか悩んでいて、ロンドンに長く住んでいる日本人の高校教師を呼んで、日本人や文化を理解する勉強会を複数回開いていた。それを聞いて我輩は吹っ切れたような納得感があり、それからは文化の違いなどに拘泥(こうでい)することなく、ただひたすらに目標を目指して行動すれば良いのだと思った。

予備予選でトップタイムを記録。しかし……

そしてR390 GT1を開発し、何とか1997年6月のル・マン参戦にこぎつけた。当時は多くのメーカー系ワークスチームが参戦していて、放っておくと参戦全体枠の50台前後の半分くらいをワークスチームが占めることになる。メーカーをバックにしているから資金も潤沢で、広報やマーケティング活動予算も落ちるから、短期的にはル・マン主催者ACOにとっては歓迎すべき事態である。しかしメーカーはビジネスでの成功をその存立基盤としており、歴史が示すとおり戦績により参戦したり休止したりを繰り返すから、中長期的には当てにできない。従ってACOはいつの時代もル・マンに参戦し続け、支えてくれているプライベートチームも大切にしてきた。

具体的には、メーカーに参戦意欲をも持たせるために、ル・マンの世界的なステイタスを上げ、トップカテゴリーではその時々の社会情勢に合った最新技術（馬力競争や、燃費規制、エネルギー回生など）を競わせている。その下のクラスのプライベートチームにはスポンサーやジェントルマンドライバーを獲得しやすい環境を提供してきた。だからこの栄枯盛衰著しいモータースポーツ界で1923年以来連綿と90年以上もル・マン24時間は続いてきたわけである。

ル・マン24時間を草の根で支える大切なプライベートチーム及びトップカテゴリーのワークスチームにそれぞれ一定の枠を設

予備予選でのR390。好結果が災難を招いた。

け、その枠に入れるクルマを公正に選抜するために、事前にふるいにかける予備予選が行なわれるようになった。これでプライベートチームも精鋭を選抜できるし、コースの約2／3は公道なのでそれまで事前走行は不可能だったが走行テストの機会にもなる。1997年は5月初めに予備予選が行なわれ、何と初登場の日産R390 GT1がマーチン・ブランドルのドライブで、ポルシェ911 GT1やマクラーレンF1 GTR、フェラーリ333SPなどの強豪を抑えて、最速タイムを出してしまった。まだ耐久信頼性には問題を抱えていたが手応えを感じ、イギリスの基地へ戻って決勝へ向けての準備にも力が入った。

余談だが、ル・マン24時間は例年、6月の夏至に近い週をまるまる使って行なわれる。始まった1923年（大正12年）ごろは、自動車の誕生から30年くらいしか経っていないので夜間走るためのヘッドライトも性能が悪く、コースを照らす街灯も皆無であったから、できるだけ夜の短い夏至の頃に開催するようになりそれが今も続いている。

英仏100年戦争の決着

ところがル・マン決勝へ残すところ3週間になって、突然ACOの技術規則の変更があり「トランクルームはエアタイト（密閉式）でなければならない」という文言が追加された。GT1車両は市販可能なクルマがベースなので、トランクルームが義務付けられ○○ℓと容量のみが規定されていた。R390はギヤボックスをまたがるように設置し、ギヤボックス周りに冷却風が流れるように金網で作っていたが、予備予選の車検では合法と判断され、何の問題もなかった。しかし新しい規則に従ってエアタイトにすると冷却風が流れなくなるのでギヤボックスの熱害が問題になる。

慌ててACOの技術責任者アラン・ベルトー氏に掛け合いに行ったが、「規則は変えていない、解釈をはっきりと文言にしただけで、予備予選の時は解釈が明確でなかった」と埒が明かない。彼は「俺が規則書だ」という人で頑固だが、筋は通るし親日家で日頃から懇意にしていたのに、今回だけは別な理由がありそうだった。

振り返ると、ベルトーさんは日産がTWRと組むと報告した時に良い顔をしなかったし、また会食の席で、「英国人は嫌いだ。特にTWRのトムはかつて私に逆らった」、「英国とフランスは、14世紀から15世紀にかけて戦った英仏100年戦争の決着がまだついていない」、「英仏海峡のトンネル工事はそのうち中止される。何故なら、どこでクルマの右側通行と左側通行を切り替えるかで揉めるから」と過激な発言を繰り返していたのを、後ればせながら思い出した。

日本を取り巻く東アジアでもそうだが、地政学的に大陸側と島国というのは仲が悪いようでフランスと英国も揉め事が多い。例えば最近では英国のEU離脱問題が起きたが、もともと通貨はユーロを使わずポンドのままだったし、クルマの左ハンドルと右ハンドル、メートル表示とマイル表示、電圧の違い、距離的に目と鼻の先に位置するのに時差がある、おまけに夏時間と冬時間を切り替える日時が異なる時もあった、などなどお互いに敢えて違いを作っているようにも見える。

ベルトーさんにしてみれば、日産がよりによって、過去楯突いたことのある英国のTWRと組み、しかも初見参で最速なのは気に食わないということだったのだろう。ウォーキンショウ共々、もう少しそういう彼の気持ちを汲んだ付き合いをしていれば良かったと、心からそう思った。

3週間で効果的な対策が打てるわけもなく、本戦の車検でもいろいろあったが、最終的にはトランクの各面に隙間だらけのアルミ板を貼ってOKとなり、予選は3位、7位、14位を得た。

英国とフランスの違い

英国	←→	フランス
ポンド	通貨	ユーロ
フィート、ポンド	単位	メートル、グラム
左側通行	クルマの通行	右側通行
240V50Hz （長方形３穴）	電圧 （コンセント）	220V 50Hz （丸型２穴）
±0	時差	+1

決勝では冷却風の流れの悪化による熱害に加え、バックギヤの共振割れが重なり次から次へギヤボックスが壊れて、1台を総合12位クラス5位で完走させるのが精一杯であった。

置かれている立場に構わず、感情という人間臭さを押し通す男はどこにでもいるのである。

この間、さまざまな苦労に翻弄される一方で、楽しんでいるようにも見える我輩を、英国の保守系高級新聞タイムズの日曜版、「サンデイ・タイム・マガジン」が8ページにわたって特集した。B4版の大きな表紙は全面我輩のカラー写真で、「3700万ドルもの大金を使い、夜も寝ないで24時間レースを戦い、それでもなぜ柿元は感動を味わえるのか」というタイトルが添えられていた。写真は苦労と必死さが強調されていて、見た目を気にする我輩の意に沿わないが、当時の心境を良く表している。

理不尽なあと1秒の要求で本山が開花

1997年を振り返り、1998年は問題解決に万全の態勢で準備を進めた。規則で許されるF1由来のアンチロックブレーキシステム(ABS)やトラクションコントロール(TCS)を搭載し、ギヤボックスは日産テクニカルセンターで耐久信頼性を主眼に開発を行なった。シャシーや空力も見直し、24時間耐久走行テストも数回実施し、上々の仕上がりだったが、唯一の懸念はエンジン出力にあった。もともとグループCレース仕様として開発され、ル・マン24時間5位、デイトナ24時間総合優勝の実績が示すとおり、当時恐らく出力、燃費共に世界最強のエンジンだったと思う。しかしGT1クラスでは、出力が吸入空気量を規制するエアリストリクターによって制限されているので、当然GT1規則に対応すべく開発のやり直しが必要なのだが、グループCエンジンをそのまま用いる前提で計画されたプロジェクトなので開発に着手できなかった。また事前の他社との合同テストでは同等の速さで走っていたので、速さに関わる出力は懸念と安心が入り交ったままであった。一方で前年の轍を踏まないよう耐久信頼性向上に徹することで、ル・マンを制することができると信じていた。

そしていよいよ1998年5月3日、ル・マンの予備予選が始まった。日産からは4台のR390 GT1が参戦し、32号車に星野／亜久里／影山正彦、33号車に本山哲／影山正美／黒澤琢弥の体制で臨んだ。30と31号車、そして亜久里さんがアタックした32号車は余裕で通過したが、セミワークスチームの33号車は、本山がザクスピードチームと最後の1台を競うことになった。このザクスピードのクルマは決勝で総合優勝したワークスのポルシェ911 GT1と同じ仕様である。

1周13・6km（首都高速中央環状線＝C1とほぼ同じ距離）のラップタイム3分45秒付近を、アタックのたびに0・5〜1・0秒差で入れ替わる逆転の応酬である。我輩はピットインしてくる本山に「もう1回、あと1秒！」と発破を掛け続け、そのたびにタイムアップしたので最終的にギリギリで予備予選を突破した。この様子は翌日のル・マンの地方紙に、我輩が人差し指を立てて「あと1秒！」と指示する写真が載った。

ル・マンは平均時速220kmに達する高速コースで、しかも約2／3が公道なので路面はバンピー、ガードレールも近く、それを越えると立木が生い茂るという恐怖心を掻き立てるには十分なサーキットである。そこで大きなプレッシャーを克服し、理不

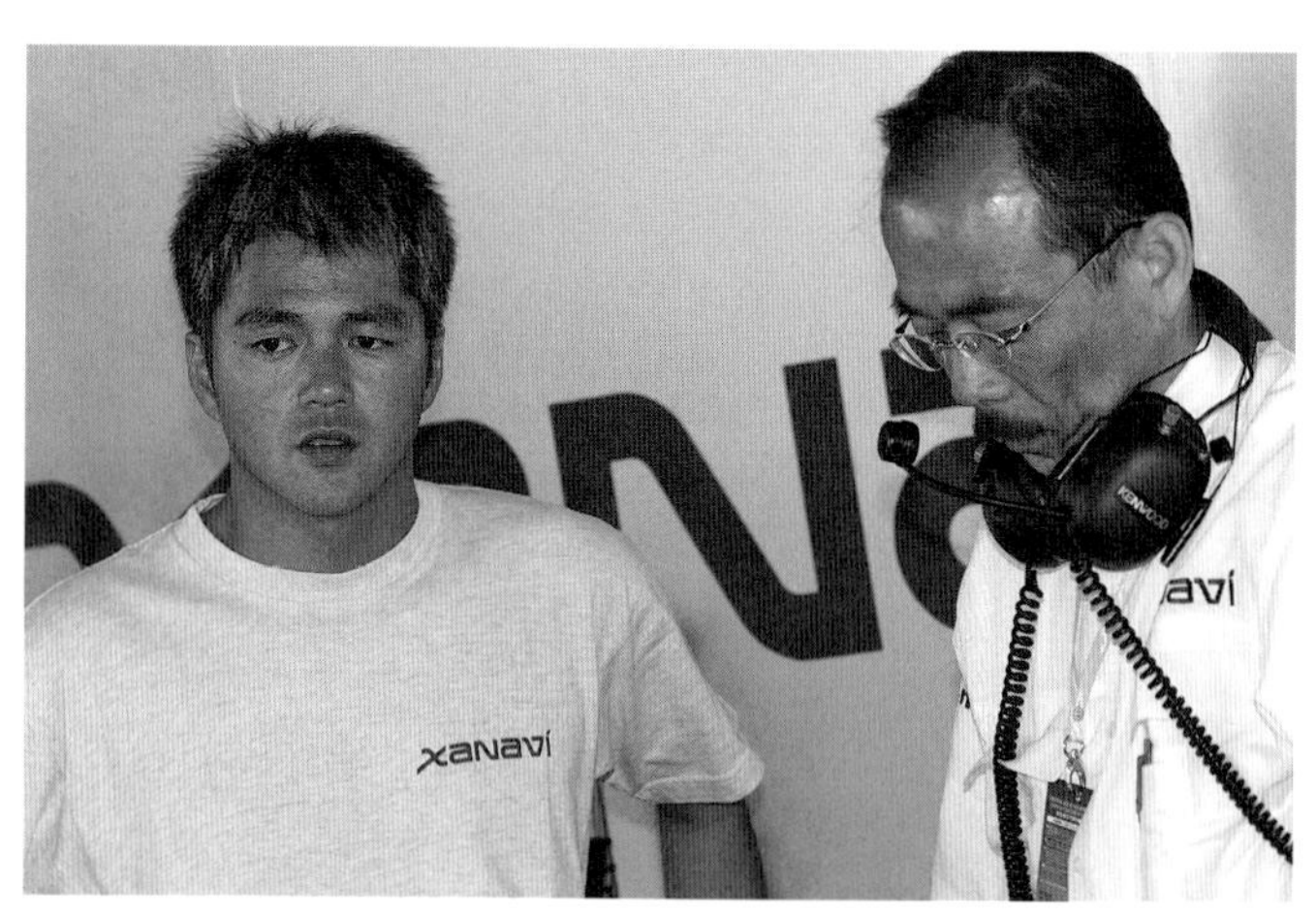

ル・マン参戦の98年にFN初頂冠した本山。写真は2003年。

尽にも思える我輩の指示に応えて結果を出した本山は、明らかに一皮むけたと思う。

というのは、本山は1996年からフォーミュラ・ニッポン（FN）に参戦していたが、思わしい結果が出ていなかった。しかし予備予選から帰国した翌週の1998年シリーズ第2戦で初優勝を挙げ、その後全9戦中3勝して1998年のチャンピオンになった。そしてそれから彼は日本の第一人者に駆け上がった。その大化けするきっかけはこの予備予選にあったと我輩は信じている。

なお、33号車でチームメイトであった正美もその年2勝を挙げ、FNシリーズ2位になった。

表彰式前控室の異様な雰囲気

6月中旬週に行なわれたル・マン24時間の本戦では、思いのほかエンジン出力不足が顕在化し速さに劣ったが、耐久信頼性に優れ何のメカニカルトラブルも起こさず、最終的に32号車の日本人クルーによる史上初の3位表彰台を獲得した。しかも30〜33号車の4台がすべてトップ10以内で完走し、4台が並んでゴールラインを切った。総合優勝には届かなかったが、目指した耐久信頼性向上による結果だったので心中静かにガッツポーズをした。

実はその4台並べてゴールさせるのがひと苦労だった。1周が13・6㎞で、しかも周回遅れのためお互いが離れすぎているので、「待たせろ」、「いやそっちが上げろ」、「これではドライバーがリズムを乱してミスが出るから、このままゴールさせろ」など大混乱の中、聞こえづらい無線を駆使しながらやっと隊列を整えた。

欧州大陸の6月の気候は不安定で局所的な雨が良く降るが、ル・マンではメインストレートは晴れていても裏のストレートは雨というのは珍しいことではない。33号車の影山正美はポルシェ・コーナー手前でいきなり雨のカーテンに視界を遮られ、コーナーを曲がれずパイロンを蹴飛ばして直進し、民家の土手に乗り上げて止まった。万事休すのところを観客が押し戻してくれたので、ピットへ戻って修理して再スタートできた。こういう出来事もル・マン完走のドラマには隠れている。

表彰式前のドライバーの控室は異様な雰囲気で、1位から3位までのドライバー9人は皆押し黙り感動の涙にくれている。恐怖感いっぱいの高速サーキットで、誰もが大きなミスをしないで24時間闘い獲得した表彰台である。24時間レースは完走するだけで誰もが特別な気持ちになるがここは権威あるル・マン、表彰台の下は、そういう雰囲気を否応なく盛り上げるアナウンスに呼応する10万人に近いファンが取り巻いている。この感動は一生ものだと本当に誰もが思う。

出力不足を解消。しかし天運に恵まれず

ＴＷＲとの契約が終了したのと総合3位を受けて、１９９９年からニスモ主導による開発を目指して新たな体制で臨むことにした。ターボより自然吸気（ＮＡ）エンジンが有利と判断、また初心に戻りオープンボディのＲ３９１とした。

基地は英国、ドーバー海峡沿いのグッドウッドの近傍に置いた。8月から風洞テストを始めたが、すべて新規の開発だったので10か月は短く、１９９９年6月のル・マンは速さや耐久信頼性共に目標に達せず、散々な結果であった。大きな問題は、サイドラジエターへの冷却風導入口に設けたエンジン用の吸気取り入れ口であった。レーシングカーは高速で走るので、そのラム圧をうまく使ってエンジンへ空気を押し込み、出力を上げるのが常識である。風洞試験でその取り付け位置を検討し、走行抵抗となるドラッグが小さくてラム圧が大きいのは、サイドラジエターの前ということが分かった。しかしル・マン決勝では高速域の出力が不足気味で最高速が他社に劣っていた。今でも良くあることだが風洞試験結果と実際とにズレがあったようである。

ル・マン後、吸気取り入れ口の位置を見直し、走行テストでもその効果が確認できた。シャシーも全体的に完成度を上げ、その年の11月、「ル・マン富士1000km」に参戦した。ライバルはかのアンドレ・デ・コルタンツのデザインによるトヨタGT-One TS020。ル・マンで2位表彰台のクルマだったので、次年度へ向け我々の位置づけを確認する良い機会になると、本山/正美/エリック・コマスの体制で臨み、見事TS020を打ち負かして総合優勝した。

これで2000年のル・マンへの出場権を得て勢いがついたと思ったが、その2日後に日産広報がル・マン参戦への休止を発表した。

その頃は日産自動車の経営状況が最悪の時で、3月にルノーからの出資を受け入れカルロス・ゴーンがCOO（最高執行責任者=社長）として赴任して来て、再建途上にあった。しかし8月ごろの感触は「ゴーンさんはル・マン参戦へ前向きだから、頑張れ」だったので、この休止発表には驚いた。日産リバイバルプランが発表になったのは10月18日で、大きな変化と痛みを各方面に強いていたし、8月ごろの想定よりもっと日産の財務状況厳しくて、この決断に至ったのだと思われる。

勝負事だから2000年の総合優勝はやってみないと分からないが、さらなる性能向上のアイテムもあり時間も6か月あったので、正直に言うと何が何でも戦ってみたかった。タイミング即ち天の時に恵まれなかったということになる。

第一期、第二期を通じて、我輩のル・マン挑戦は総合3位を最高位に、ユノディエール（ミュルサンヌ・ストレート）に落とし物をしたまま終わった（2015年の第三期については後述する）。

異説：狩猟民族と農耕民族

特に血気盛んで個性重視のアングロ・サクソン系の人々と、おとなしく個性より協調性を大切にする日本人の文化の違いを、獲物を求めて移動しながら狩りで生きてきた狩猟民族と定住して田畑からの収穫物を糧としてきた農耕民族に由来すると説明されることが多い。確かにそうであるが、海外のあちこちで苦労し、楽しんだ我輩の経験からは別な見え方もする。

大陸は地続きで、そこに多くの民族が住んでいて領土争いが絶えなかった。そして現在存在する民族は、そういう抗争を勝ち抜いてきた民族である。もちろん地形や海峡、気候の影響もあるので絶対的な力だけで生き抜いてきたわけではないが、闘いを好む、強い民族には違いない。だから欧州という環境で優性遺伝した民族と言える。

また戦いに勝つには指揮者即ちリーダーの戦略や、戦術、リーダーシップが重要である。狩りも見張り役や追い子、狩人など役割が分かれていて、優れた狩人がいれば何人もの人を養うことができる。だから優れた英雄を崇め、個々人の能力を認め合う風土になったのだと思う。

一方日本は、大陸から海を隔ててある程度の距離（これが大事）があり、他の民族から攻められることは滅多になかった。だから恵まれた気候を利用して、同じ場所で定期的に収穫できる農耕に専念できた。田畑を耕し、苗を植え、収穫する作業は幾ら能力があってもひとりにできることは限られている。むしろ皆が仲良く協力して作業に当たる方が良く、個性を発揮して和を乱す人はむしろ邪魔である。

また海を隔ててある程度の距離があると、多くの人を送り込む戦争・侵略は難しい（唯一の例に、鎌倉時代中期にモンゴル帝国＝元に攻められた元寇がある）が、荒天による遭難を越えて数人でも交流できれば、先進的な科学文明や宗教、経典、文字、思想などは大陸から伝わってくる。例えば遣隋使や遣唐使は、派遣した船の半数は遭難したとされるが、何回も送り出すことで彼らがもたらした仏教をはじめ漢字、土木技術、薬学など大陸の文化、文明のお陰で小さな島国の日本は、大きな民族争いもなく存続でき、世界に伍する経済力や影響力を持つようになったのである。大陸から遠く離れた南海の孤

島（侵攻もされないが文明、文化も伝わらない）の国々の発展と比べると一目瞭然である。さらに曖昧でなく明確に存在する春夏秋冬の四季、特に夏の暑さと冬の寒さの厳しさは、脳を上手に刺激して知能の発達を促したと思われる。そして灼熱と厳寒の間の春秋の穏やかさと花鳥風月は人としての優しさを醸成したのだろう。

そういう意味で今までの日本は地政学的にとても幸運だった。しかしこれからは科学技術の発達で物理的な距離も時間も近くなり、思想、情報もますますグローバル化して国境も、人々を隔てる壁もなくなる。そういう環境で生を受けた次世代は、民族で思考や行動パターンをくくれる人々ではなくなっていくと思われる。むしろ世代間の意識のずれこそ危惧すべきことかもしれない。

ＤＴＭとの技術規則統合における駆け引き

２００９年暮れ、ドイツのツーリングカー選手権（ＤＴＭ）を主催するＩＴＲの面々が、技術提携の可能性を求めて日本へやってきて記者会見を開いた。スーパーＧＴとＤＴＭの技術規則を統一すると、各々の選手権に参戦している日本（トヨタ、ニッサン、ホンダ）とドイツ（メルセデス、アウディ）のクルマが特に開発を追加することなく両方の選手権に参加できるので、お互いのシリーズの発展につながるという理屈である。またこの協議がうまくいくとＢＭＷも参戦するし、将来的にはアメリカも含んで世界選手権にまで発展する可能性がある。そしてファンにレースの醍醐味を味わってもらうのに、外から直接見えない部分で競争しても意味がない。例えば消火器やギヤボックス、モノコックなどは同じ機能を有していればいいから共通部品にして大幅にコストが下げられる等々の提案があった。

我輩は現実にそうなるには数々の難問が控えているが、スーパーＧＴの発展の可能性を大きく広げるものだと思った。何よりメルセデス、アウディ、ＢＭＷというプレミアムブランドと日本メーカー3社の代表車種が同じ場で競う可能性があるというのは、さまざまな価値を生むと感じた。

そこでその会場で挙手して「(Ｆ１などを意識して) 列強に対抗する21世紀の日独同盟を結ぼう」と呼応した。その翌月からＪＡＦマニュファクチャラーズ部会の部会長に就いたので、ＪＡＦモータースポーツ部とも相談し各メーカーやＧＴＡの坂東代表を含む有識者をメンバーとする作業部会を設けて前向きに検討を行ない、日独お互いの良い点を反映した２０１４年からの新規則につなげた。

交渉の過程で利害が衝突することもあったが、それはこの技術規則統合の方針の違いであって、手に負えない異文化の問題が入り込む余地はなかった。民族学的に遡れば、欧州の主要国はゲルマン民族系であるが、その中でもドイツ人は北欧系ゲルマン民族と言われていて、几帳面で、真面目、約束や時間を守る傾向にあり日本人に近い。戦前もお互いにシンパシーを感じていて仲良くできる素地があったから、第二次世界大戦の悲劇も起きたのかも知れない。

交渉ではお互いに感情を排し理屈で話が通じたように思う。日本人に比べて個人主義でイエス／ノーがはっきりしている点は違うが、ＤＴＭ側の窓口担当のミブさんがそこはわきまえていて、仲良くなると親切で良い関係を好むドイツ人の気質を生かすように仕向けてくれた。

ＢＭＷモータースポーツの責任者であるマリオ・タイセン氏も、自ら日本メーカーの意向の確認に来日し、技術規則の検討段階では空力テストをイタリアのダラーラ社で共同で行なった。そして山波立ちながらもなんとか技術規則の統一が図れた。

余談だが、空力テスト後の打ち上げパーティの際、そこのオーナーシェフが高級ワインを提供し、スーパーＧＴのコラボがうまく行ったら富士山に登り頂上でこのワインで乾杯しようと約束して、ラベルに関係者全員でサインをした。しかしさまざまな理由でタイミングが合わず、また我輩の体力も課題で実現に至らなかった。そうこうしている内に我が家への来訪者が事情を知らずにワインを空けてしまい、今は空き瓶となってサインも寂し気に鎮座している。

比較的順調に行ったシャシー、車体関係の規則と異なり、エンジンはまとまるに至らなかった。それはＤＴＭ側がコストにこだわり、その時点で採用していたＶ８・４０００ccの継続を希望したからである。日本としてはモータースポーツといえども、その時々の技術動向に合わせたエンジンの必要性を感じていたから、環境対応の直噴ターボ、ダウンサイジングで直４・２０００ccを提案した。いろいろ紆余曲折を経て、日本側即ちスーパーＧＴは我々の案で進め、ＤＴＭ側は次のステップで取り組むこととなった。

規則統合のあかつきに富士山頂で開けるはずだった。

導入2年目からコストダウン効果

そしてDTMでは2012年から、スーパーGTでは2014年からエンジンは違うが他のシャシーに関する技術規則を統一してシーズンが始まった。またDTMにはBMWが新たに加わり、メルセデス、アウディ、BMWの3社による競争となった。ただしレース運営のスポーティング規則は全く独立したものである。例えばDTMのドライバーひとりのスプリントレース、1クラスのみ、タイヤはワンメイクスというのに対し、スーパーGTはセミ耐久レースでドライバーは基本ふたり、GT500とGT300の2クラス混走、タイヤは4ブランドの競争というのが主な違いである。

共通部品（同じ部品を使う）、標準部品（仕様を決めて各参戦メーカーが作る）を決めたが、当然初年度は新たな部品や空力部品の開発があるのでコスト面では従来と同じであった。しかし翌年度以降やスペアパーツまで考えると大幅なコストダウンとなった。

モノコックやギヤボックス、一部空力部品が共通だったり、ギヤレシオも固定でデフレシオだけ調整できるシステムなので、競争を阻害しているとの声もあった。しかし競争とは同じ条件で戦うわけで、ファンの目に触れないところで競争する必要はないというコンセプトである。モノコックやギヤボックスのコストは約半分以下になったし、これらは日本のサプライヤーにも門戸を開いて募集した結果欧州に決まった訳である。市販車の部品サプライヤーが為替を含めて海外メーカーと厳しい競争にさらされている中、モータースポーツだけ特別扱いするわけにはいかなかった。ただし国内のモータースポーツ産業の育成という観点で、モノコックは同じ仕様で国産化を図っている。

しかし国内での部品製作の数量は、2014年規則以前に比べて試作品を含めて大幅に減ったことは事実であり、その点では申し訳なく苦しい心境ではいる。細部の開発にこだわり、シーズンオフやシーズン中の開発にも関心を持っている熱烈な日本人のファンから、開発凍結などの規則がそっぽを向かれないかを一番懸念していたが、それは杞憂に終わりスーパーGTの発展という形で今があり、ホッとしている。

心残りは、コスト削減で浮いた予算の使い方で、台数増やファンへの還元、一般の人をモータースポーツへ引き込む方策にもっと使うべきだった。

ピンチはチャンスに。交流へ加速

技術規則はエンジンを含み、2019年の次の節目には完全に統合される見込みになり、日米独を中心としたこのクラスでの世界選手権も国際自動車連盟（FIA）が乗り気で、それを支えるスポンサーも現れ、現実化しそうな段階になった。

残るは、先に述べたスポーティング規則が異なることによるレースフォーマットの統一であるが、国民性や各々の歴史も踏まえると相互に乗り入れる際は、相手先のレースフォーマットに合わせて走るしかないであろう。

しかしDTMでは、1クラス、短距離のスプリントレースということもあり、追い抜きが困難で予選順位が決勝順位を決めるようなところがあり、レースそのものに面白味が欠ける。そこでF1と同じような後続車が追い抜きやすいDRS（一時的ドラッグ低減装置）を採用するに至った。それに対してスーパーGTの2クラス混走のフォーマットは、ファンを釘付けにする人為的ではないバトルが見られるので、優れていると思われる。

以上述べたように着実にコラボは進んでいるように見えたが、2017年7月末にメルセデスが「2018年末でDTMから撤退する」と突然発表した。

先日主催者ITRの会長がハンス・ベルナー・アウフレヒト氏から元F1ドライバーのゲルハルト・ベルガー氏に交代した。アウフレヒト氏はAMGの創始者で、メルセデスと共に26年間にわたりDTM（前身のITCを含む）を支えてきた人物で、その交代は不穏な動きを感じさせてはいた。これでアウディやBMWの参戦継続にも黄信号が灯ったと思われた。

しかしピンチはチャンスとも言われるが、メルセデスの撤退は残り2社の参戦継続の意欲を高め、スーパーＧＴとの連携もより深くなり、２０１７年のお互いのシリーズ最終戦にデモ走行実施まで進展している。

スーパーＧＴは多くのファンに支えられているので、ＤＴＭのようにレース場の観客までメーカーが動員するシステムとは違う。従ってスーパーＧＴの将来は今までのＤＴＭとのコラボも維持しつつ、ＦＩＡが我々のシステムを世界選手権化しようとしているので、その動向にも留意していけば盤石であろう。

またまた余談だが、ＤＴＭとの規則統合を進めていた頃のメルセデスの責任者はノ

DTM

お互いの最終戦でデモ走行が実現。ピンチがチャンスとなった。

ルベルト・ハウグ氏だった。彼は議論の場には加わらず、賛否も明確にしないので結果として進捗が遅れ気味になった。我輩もそれを意識するからつい言葉も荒くなるので、ハウグ氏は我輩の「天敵」だとも言われた。DTMの創始社はメルセデスであるから発言権も強かったが、彼らが去り新生DTMは新たな発想で取り組めるので、見方によってはメルセデスの撤退はそれこそチャンスなのかもしれない。

3）カルロス・ゴーンの流儀

カルロス・ゴーンは1999年6月に日産のCOO（最高執行責任者）に就き、世界で誰も成功したことのない、異文化の企業同士をまとめて成功させている稀有な存在である。文化や風土の異なる者が協力して結果を出すというのは言葉でいうほど簡単なことではない。現実に18年も経った今でも、日産とルノーの間では些細なことで理解し合えないことが起きている。文化とはその社会を構成する人々によって共有、習得、伝達される行動様式であり、風土はそういう文化や人々の風習に影響を及ぼす環境、土壌である。日本という国が形作られる以前から海に囲まれた島国の民族として、長い年月を経て染み付いた風習と、国境を地続きで接しているので戦いに明け暮れ、民族としての強者が生き残った欧州人のそれとが簡単になじめるわけがない。

ゴーンさんはそれを良くお見通しで、初めの頃の社内の取締役会などでは、自己主張の強い欧州人には、「仲間の意見も聞こう」と抑え、控えめを美徳と考える日本人には、「もっと意見を言って」と促したそうである。また、「決断は早いが、その解釈は個人任せなので行動がバラバラになる」欧州人と、「なかなか決められないが、いざ決まればひとつにまとまる力がある」日本人という見方もしている。

こういう相容れない文化の違いを超えて、全社員がひとつの目標に向かって邁進するための手段として、お互いが否応なく理解できる「数字」を共通言語とした。リバイバルプランや、その後の中長期の計画でも常に数字が目標として示されている。市場占有率や、販売台数、利益率、コスト削減、雇用する従業員数などや、中には女性管理者数もある。さまざまな軋轢を越えてその数字達成に向けて頑張れということ。「揉めたら数字」、「迷ったら数字」、「冗談じゃない！　こんなことやってられないよ」となっても数字に帰結せよである。その数字でも利益が最上位にあり、その他の数字は目標利益を達成するための数字と言い換えても良い。

利益に対するゴーンさんの考え方を表す良い例がある。

今、日本でダイバーシティ、いわゆる性別や人種を問わず多様な人材を積極的に活かしていく取り組みがさまざまな企業で行なわれようとしている。しかし日本でダイバーシティのダの字も話題になっていなかった、13年前の2004年、日産にはダイバーシティ・オフィスが設けられ、10年ほど前には企業内保育園も設置され、多くの女性管理職も生まれている。これはゴーンさんが性差や人種差別を嫌う博愛主義者だから始まったのではなく、世界に目を向けると多くの人種が存在し、人口の半分は女性であるからそういう人たちを顧客として利益を上げていくには、ダイバーシティがとても重要であると考えたわけである。ゴーンさんの利益重視の経営の徹底度が理解できるが、考え方が自由で、偏見のないゴーンさんらしさも現れている。

論理がぶれないゴーンさん。写真は2007年中期計画発表時のもの。

とすればモータースポーツにとっての数値目標はどうなるか。厳しいゴーンさんのことだから「いつも勝て！」と指示するように思えるがそうではない。日産の執行責任者（COO）として就任した頃は1998年、1999年とスーパーGTのチャンピオンを獲っているから「良くやっている」には違いなかったが、必ずチャンピオンを獲れとは言っていない。

ライバルが際どく存在するレースなどの勝負事の難しさは良く理解していて、運不運の影響も大きいからチャンスが来た時に勝てること、即ち「常に3位以内の表彰台に上がれ」が数値目標となる。これは先の利益重視のためのダイバーシティと同じように、現状を良く把握した納得性のある数字目標なので、関係者のモチベーションは高まる。我輩の勝率5割も真の要因はここにあるのかもしれない。

Z33参戦継続案に激怒

1999年から2007年頃までは、日産のモータースポーツ計画の決定にゴーンさんが直接関与していたから、我々は結果の報告や次年度の計画承認のために、毎年2～3回ゴーンさんと会議を持っていた。表彰台の常連だったので特にスーパーGT参戦継続が問題になったことはないが、ゴーンさんの何ごとも見通しているようなオーラに圧倒されていた。単に記憶力に優れ、相手の考えを見抜く頭の良い人なら、ある省庁の事務次官に会った時に経験しているが、ゴーンさんは記憶力と頭の良さに加えて厳しさと優しさが相半ばし、相手の意見を聞いた上で出す結論には有無を言わせぬ強さがあった。

市販モデルの生産中止に伴い、R34 GT‐RでのスーパーGT参戦は2003年で終わり、2004年から2007年までフェアレディZ（Z33）で参戦した。そして新しいR35 GT‐Rの発売に伴い、2008年からR35 GT‐Rで参戦を再開した。

この決定を巡るゴーンさんとの会議で我々は、「主要な4チームは新型GT‐Rで参戦するが、Z33で参戦したいというチームがあるので、現存するクルマとスペアパーツを貸与して、参戦を継続したい」と提案したところ、烈火のごとく怒られた。

ゴーンさん曰く「2004年の計画を議論した時に、GT‐Rはしばらく生産販売を休止するからスーパーGTへの参戦を休止すべきだが、日産が参戦を止めるとニスモの戦力も落ちるし、スーパーGTシリーズ全体の存続にも影響して困る人が多々出てくる。だからZ33で参戦したいというから承認したはずである。GT‐Rが復活するのだからZ33は止めるのが筋だ。何を寝ぼけたことを言っている」。

我輩はこの経緯をすぐには思い出せなくて、「いや、せっかくクルマもあるのにもったいない」とかなんとか言い訳し、ゴーンさんが呆れ顔になったところで、やっと記憶が甦った。

ゴーンさんにとっての経営上の課題として、モータースポーツの比重は小さい。それを当事者が忘れているようなことを正確に覚えていることに驚いた。確かに記憶力も良いのだろうが、自らの言動や思考回路に原理原則を持ち、それに沿ってぶれない気持ちで日頃の決断をしているから、その基準から外れるとどんな些細なことでも記憶が甦るのだろうと畏敬の念を持った。

もうひとつの事例がある。我輩は世界自動車連盟（FIA）のモータースポーツ関係会議にJAFマニュファクチャラーズ部会長や日産の代表として出席していたが、ポルシェの委員から「日産は世界中で売れている量販のフェアレディZや、世界最速のGT-Rを持っているから、世界一のスポーツカーメーカーはポルシェではなく日産だよ。だから日産にとってモータースポーツに参戦することはとても価値のあることだ」とアドバイスされた。もっともだと思って、ニスモフェスティバルの視察に来たゴーンさんを案内する際、タイミングを見てそのことを話した。ゴーンさんの反応は「他社に言われたからではなく、日産としてどうすべきか具体的に提案をしろ」のような気がしたが、周りの喧騒と我輩の拙い英語のために良く理解できず、繰り返し同じことを喋ることになり「君とのコンフリクト（意見の衝突）は二度目だな」と言われてしまった。我輩ごとき小者との過去のやり取りまで覚えているとは「えっ⁉」である。

厳しいゴーンさんではあるが、2006年に始まったトヨタ、ホンダ、ニッサン3社による若手ドライバー育成プログラムのフォーミュラ・チャレンジ・ジャパン（FCJ）の企画段階で、ホンダの山本幹モータースポーツ部長からの鈴鹿サーキットでの直談判を受け入れ、その後につなげる柔軟性もあった。

最近再びゴーンさんは注目を浴び、リーダーシップに関する本や日経新聞に「私の履歴書」を書いているが、そこでリーダーの条件に、①結果を出せる、②周りに共感される、③新しいことを常に学ぶ、を挙げている。また人として必要なことは、①経済的な自立、②知的な自立、③精神的な自立、だと言っている。いずれもゴーンさん自身が実践、体現していることで、僅かではあるがそういう偉大な経営者の謦咳に接する機会があり、幸運であった。

ゴーンさんの現在のモータースポーツ活動への関与は最終決裁だけなので、ゴーンさんに届く前にマーケティング効果や予算などでふるいにかけられることが多い。今準備している世界レベルのプロジェクトで、再びゴーンさんに怒られる機会を作りたいものである。

4）東海大学工学部教授時代を振り返る

日産時代の上司で、エンジンや音、振動の権威として活躍されている林義正教授に「東海大学工学部動力機械工学科で教授を公募するから応募しないか」と誘われたのは、2007年の4月であった。

6月末でニスモの常務取締役を役員定年で降りるので、翌年4月からの赴任には良いチャンスだと思い、所定の手続きや面接等を経て12月には内定をもらった。

東海大学では長いこと非常勤講師として講義を行なっていたし、「レーシングオン」誌に毎月4000字のコラム「柿元邦彦の私的モータースポーツ概論」を書いていたことも実績として評価されてのことだった。

当時のニスモ真田裕一社長にこの経緯を報告したら、「ニスモの方を雇用契約にして、出勤日を柔軟にすれば、総監督と兼務できるだろう」というありがたい提案をもらったので、ニスモとは総監督契約を結び東海大学の教職員になって、二足の草鞋を履く多忙な生活が始まった。

4年にわたり教授職、その後の2年は講師として都合6年間、週3日は東海大学湘南キャンパスに通った。その間担当した講義は、熱力学、伝熱工学、動力伝達工学、限界走行性能学、高速ピストンエンジン、レーシングカー工学、レースマネジメント工学、動力機械実験ゼミナール、大学院のエンジンシステム特論の9講座である。その他に柿元ゼミとして毎年10数名の学部生や、5～6名の大学院生を抱え、卒業論文や修士論文のための研究にも取り組んだ。

熱力学などは大学卒業以来40年振りに接し、教えるとなるとその数倍の知識と理解が必要で猛勉強を強いられた。また我輩のどの講義も150人以上の受講生があったので、前期、後期年2回のテストと採点、成績付けの時には徹夜もした。採点を簡単にするテストのやり方もあるが、正しく実力を評価しようとついつい小論文も取り入れるので、採点に疲れていつも後悔していた。

ゼミ研究費用の捻出に苦労

ニスモの仕事は週2回の出勤日と土日に全力投入し、この6年間で3回のチャンピオンを獲っているから、二足の草鞋も何とか履きこなしたと言えるだろう。しかし齢62歳にもなって我が生涯で最も忙しい時代であった。

我輩は学生たちに次のようなことを心がけて接したつもりである。

「何ごとに対しても、良く考えてモノの本質を見る習慣が必要である」

「思わねば何も起きない。夢と希望を持って、今やるべきことを全力でやれば、いつか必ず夢は実現する」

「我々が生きる社会は競争と分業で成り立っている。その社会が明るく豊かであるには、さまざまな公的機関や民間会社などのひとつひとつや、そこの属するひとりひとりが公正（公平とは違う）な条件下でレベルを高く、期限を守り責任を持って仕事をしなければならない」

　そして「ひとりひとりが今まで生きてきた人生の中で、最も〝アツイ〟4年間を体験させたい」と思っていた。

　従って講義はついつい情熱的になった。また彼らが巣立っていく社会に関心をもってもらうために、毎講義で初めの10分間を「今週の時事トピックス」と称して、その時々の政治や経済情勢を話題にした。例えば円高、円安は具体的にどういう影響があるかとか、各国の選挙システムや文化、政治情勢などである。

　そして「現在の社会に不満があるとき、変える手段として過去は暴力革命しかなかったが、現代社会では選挙という平和的手段がある。選挙はひとりひとりの人生にとって大事だよ」とも言った。学生もかなり関心を持ち、講義冒頭に話すので遅刻する学生も減った。

柿元ゼミでは研究費用の捻出に苦労した。走らせる車両はニスモからメンテナンス費用が安くすむマーチカップ用車両を借り受け、消耗の激しいタイヤは横浜ゴムやブリヂストンに無償提供してもらった。また富士スピードウェイでの走行テストは当時の柘植和廣副社長に泣きつき、学生料金の二乗で割り引いてもらい、大学近くの日産車体のテストコースは無料借用して走らせた。この6年の間には器物破損事故も起こし、事故撲滅を目指していた相手先に、好意を仇で返すような大変な迷惑を掛けたこともあった。

また研究室と実験室は常にオープンにし、学生ひとりひとりには毎年GT-Rの東名高速での試乗会もやった。それやこれやが原因で我輩自身が何回か始末書を書くことも起き、上司の工学部長や学科長にも迷惑を掛けた。

研究の一例を挙げると、修士論文として、レーシングカーの速さに対するタイヤの貢献度を定量的に把握する研究を行なった。理論計算だけでなく実際のデータを取るとなると、さまざまな精密な計測装置が必要になるが大学レベルで持てるような装置ではない。そこで学生たちはいろいろ工夫し、タイヤの接地面積を地面に置いた紙にインクでプリントさせる方法を編み出した。それでタイヤの荷重や内圧、ジオメトリーと接地面積の関係が、理論値と傾向が同じになる結論を導いた。

また大学院工学研究科の森山裕幸教授との共著による「円筒構造の板振動と内部音場間の連生」という論文も発表した。

気持ち優先の就職支援を転換

学生達より我輩の方が〝アック〟なっている気配も漂っていたが、果たして学生たちの成長に本当に貢献できたかは正直分からない。しかし卒業論文の発表会では、柿元ゼミは毎年ベストプレゼン賞を取っていたので、学生たちにも我輩の思いの一端は伝わっていたと思いたい。

就職支援活動もした。当時は今と違ってリーマンショックの後ということもあり就職が厳しい時代であったが、最初の頃は業界の知り合いにお願いすると、「柿元の推薦なら」とふたつ返事で学生を受け入れていただいた。しかし就職後本人の思い違いや退職など、当初の期待と違うことも起きて相手先に迷惑を掛けることが重なった。そこで本人の行きたいという気持ちだけでなく、能力と適性に見合った企業へ就職するのが王道だと思い、それぞれの個性や能力がそのまま表現できるような面接指導に力を注いだ。その後の経緯をみると結果としてそれで良かったと思われる。

柿元ゼミに来る学生の多くは、モータースポーツ関連の仕事を希望しているが、求人は少なく限られた枠内で一部の学生しか望みは果たせなかった。他にも希望職種に就けない学生がいる。そういう学生には「企業は業績を上げるために社内外を問わず、やる気と可能性のある人をいつも探している。夢や希望を持って、その時々の足元の仕事にしっかりやっていれば、誰かが見ているからチャンスは必ず巡って来る」と言って送り出している。

つい最近も、大手の会社に行った学生OBから「頑張っていたらモータースポーツ部署に配転になり、世界のトップカテゴリーの仕事をやることになりました！」と連絡があった。サーキットや街中で、或いは

学生との交流を通じて視野を広げることができた。

SNSを通じて当時の学生に良く声を掛けられるが、溌剌（はつらつ）と元気な様子を見るととても嬉しい気持ちになる。

東海大学時代は、我輩自身にとっても意義のある6年間であった。日産やレース業界にいると周りは、能力的にも経済的にも、居住まいも同じようなレベルの人たちが多い。しかもクルマ通勤で毎日遅くまで残業し、出張してもサーキットとホテルの往復に終始していると一般社会から隔離されたような状態になる。

東海大学へは電車とバスで通う時が多かったのでその道中で見聞きしたことや、さまざまな環境の学生たちとの交流を通じて、あらゆるジャンルの本を読破した後のように視野が広がった。

モータースポーツに関わる技術についても、入社以来経験を重ね十分な知見を持っているつもりだったが、大学で講義を持つことでより深く理解が進み、レーシングカーのエンジンやシャシーの技術開発へ貢献できた。

これらが総監督業務をより高いレベルに引き上げてくれたので、我輩こそが学生たちから学び、恩恵をたくさん受けたと言える。

5） 一流の人たち
ふたりの天才、長谷見昌弘と星野一義

何ごとでも頂点を極めた人は、人間的にも魅力あふれる人たちである。

幸いなことにモータースポーツを担当したことで、世間的にスターと呼ばれる一流の人達と接する機会に恵まれた。しかも表面的ではなく一緒に喜び、苦しみ、悲しみを分かち合う仕事を通じてであった。

まずは我輩がエンジニアとして働きだした頃、既に有望な若手として期待されていて、その後一気にスターダムに駆け上がった長谷見昌弘と星野一義というトップドライバーに触れてみたい。

長谷見さんは多彩な天才肌で負けず嫌いだが、その才能をレーシングカーを速くすることに注ぎ込んでいた。従ってレース直前でもあまり緊張することなく自分が仕上げたクルマの持てる性能を100％発揮出来れば良いと達観していた。ゴルフを例に違う表現をすると、練習しなくてもとても上手なので練習してまでその上を目指そうとは思わない。しかしチョコレート1枚でも負ければ非常に悔しがるタイプである。

一方星野さんも多彩な才能を持っているが、こちらはドライビングテクニックの錬磨

に努力し、「日本一速い男」ともてはやされた頃は「日本一サーキットを走っている男」だと自ら公言していた。クルマの性能以上を自分のドライビングで引き出そうと思うから、レース前になると緊張で夜も眠れず、じんましんが全身に発疹した。

タイヤ規制が緩い頃予選でタイヤに不満があると、「ここがもうちょっとしっかりした仕様があれば、必ず勝って見せる」と宣言し、それを聞いたブリヂストンスタッフが徹夜して作ってきたタイヤで勝ったこともあった。

長谷見さんの知られざる点はとてもマメであること。8㎜映写機の時

Yuji Shimizu

1982年筑波。長年凄まじいライバル関係にあった長谷見さんと星野さん。右端に筆者がいる。

代からビデオの現在まで撮りだめた映像はもちろん、自分が出ている雑誌の記事や写真も全部整理してある。出版関係者が資料として借りに来るほどのものである。三日坊主という言葉があるが、何をやり始めても三日もたない我輩から見ると神様のような人である。いま長谷見昌弘記念館を造るべきだと本気で勧めている。

星野さんの意外な一面は、料理作り、絵描き、口調と身振り手振りによる表現が得意なことである。いつか星野さんに自慢しようと秘かに料理学校に通って挫折した我輩には、星野さんに勝てるものは何もなくなった。

ふたりに共通するのは、訪れたチャンスを絶対に逃さないこと。これはオーディションで勝ち抜いてシートを確保していくのが基本のレーシングドライバーにとって、とても大事なことである。またふたりは得体の知れない世でいう何かをモッテいた。レースは勝負事だし、危険との背中合わせだから「運や、たまたま」が絶対に必要になる。ふたりはそれを備えていて、それは「何かをモッテいる」としか表現のしようがない。

星野さんはカワサキオートバイのライダーとして活躍し、次へのステップアップを考えていた頃、日産のレーシングドライバーのオーディションに臨んだ。SR311フェアレディのレーシングカーで大勢のライバルをしのいでトップタイムを出し、契約を勝ち取った。もしそこで落ちていたら公営ギャンブルの「浜松オート」に行くつもりだったらしいので、今の星野さんはなかったことになる。それからも高橋国光、北野元、黒沢元治といった錚々たる先輩ドライバーたちを何が何でもタイムで上回りことを心掛け、今の地歩を築いてきた。

長谷見さんも、1980年に国内トップクラスにおいて史上初の4冠王を達成した。これは富士GC、全日本F2、鈴鹿F2、FP（フォーミュラ・パシフィック）の4冠で、その年が唯一のチャンスであり、その後も誰も獲得できていない。

1985年の「WEC in JAPAN」で星野さんが優勝して、日産のル・マン挑戦が始まった。星野さんはその「WEC in JAPAN」で、豪雨の中へアピン立ち上がりで3回転したが、コース上で前向きに止まったから優勝できた訳である。1998年のル・マンで総合3位に入った時も、高速のポルシェ・コーナーでスピンしコースオフした。普通なら万事休すのはずが、芝生の上を滑って次のコーナーのコース上まで届いたから、再スタートできたらしい。本人は無線で何も言わないし、ラップタイムもあまり変わらなかったので我々は気付かなかったが、後日談として聞いて青くなった。

ふたりが頂点に至る過程では、F1やル・マンなどでドライバーの事故死が相次いでいた。アイルトン・セナ、ジル・ビルヌーブ、ロニー・ピーターソン、ジョー・シュレッサー、ヨッヘン・リント、ジム・クラークなどの著名なドライバーだけでなく、小さなニュースを含めるとレースのたびにという年もあった。今と違いクルマやサーキットの安全性は格段に低く、日本でも多くの犠牲者が出ている。

そういう時代をふたりは生き延びてきたわけで、レーシングアクシデントも数限りなく経験している。

星野さんは鈴鹿のF2で宙に舞い、照明塔の支柱に激突。落ちて逆さまになりロールケージもつぶれたが、ちょうど側溝のくぼみに頭が入って助かった。自力では頭が抜けなかったというから数cmずれていたらアウトだった。長谷見さんもグループC時代、時速300kmでタイヤバーストし、15m宙に舞い、背面から落ちてそのまま250m先の1コーナーまで滑って行った。1976年のF1日本GP(「F1選手権 in Japan」)ではコジマF1に乗り、予選中にサスペンショントラブルのため時速250kmでタイヤバリアに激突する全損事故を起こした。ぶつかる直前には生きてきた過去が走馬灯のように頭を巡ったそうだから、長谷見さん本人も死を覚悟するほどのクラッシュだったが筋肉痛程度で収まり、決勝には出場した。

コンマ1秒の負けも許さないアタック合戦

ふたりのライバル関係も凄まじいものがあった。

グループCの頃は予選でタイヤ使用数の制限がなかったので、1時間の予選中に6〜7セットの予選専用タイヤが投入されていた。決勝は燃費制限（2㎞／ℓ）があったが、予選はブーストを上げインタークーラーを冷やすために氷塊をクーラーの上に載せたりして一発のタイムを競った。日産は、トヨタ、ポルシェがライバルなのに、予選が始まるとふたりはお互いしか眼中にない。アタックしてピットインするたびに「星野は何秒だ？」、「長谷見さんは何秒だ？」と聞いて0・1秒でも負けていると、タイヤを替えて再びアタックに出て行った。

我輩は同年配なのに最初の頃は、ふたりの間を右往左往するだけだったが、このライバル関係はル・マンでも、グループAでも、スーパーGTでも続いたので、我輩も何とかこのふたりについて行こうと頑張った。それが我輩の成長にもつながったし、ふたりの切磋琢磨が日産が好成績を残す原動力になった。

そして今、「ふたりとも今までよく無事だった」、「『星野がいたから』、『長谷見さんがいたから』、今まで頑張って来れたし、成功できた」とお互いにその存在を称え合っているのを聞くと、何とも嬉しい気持ちになる。また、おふたりから我輩を加えて3人は「戦友」だと言っていただいたこともあった。我輩はこれを打ち震えるほどの感動で聞き、何物にも代えがたい勲章だと思っている。

星野さんはドライバーとして成功し、インパルブランドのビジネスでも、ホシノレーシングというチーム運営でも大成功した。長谷見さんも規模の大小は別にして同様である。どの世界でも頂点を取った一流の人は、何をしても成功している。そういう一流の人と一緒に喜び、悩み、苦しむ仕事をするという機会に恵まれて、本当に幸せだった。

余談だが、かつてサファリラリーなどのラリー車の耐久テストは、岩や石が突き出ている福島のエビスサーキットで行ない、長谷見さんや星野さんが走らせていた。

当時今のようなデータレコーダーの良いものがなく、Gセンサーやストロークセンサー、或いは諸温度のデータをカセットテーブレコーダーに記録していた。そのまま車載しては振動で壊れるので、助手席に我輩が乗り衝撃を和らげるためにテーブレコーダーを腕に抱えてデータを記録した。耐久テストだから、ブレーキやサスペンションがよく壊れて壁に突っ込んだり、横転したりしていた。

最近になって長谷見さんや星野さんに、「エビスで助手席に乗っていたけど怖くなかった？　俺なら絶対に乗らないよ」と言われている。「今さら言われても！」という感じだが、確かに頻繁にクルマが大破してその修理に時間がかかり、ふたりは山奥でやることが無く退屈し、ついにラジコンの飛行機を持ち込んで飛ばしていたものである。それでも我輩が助手席に鎮座している時は大きな事故がなかったので、こうして無事にいられるわけだが、はて我輩も何かモッテいるのか？　いやいや彼らのモッテいる何かのお陰である。

〝マッチ〟こと近藤真彦

芸能界という激戦の地で頂点を極め、今も大御所として活躍中のアイドルスター・近藤真彦。最初はドライバーとしての出会いだった。本業があり怪我でもさせたら本人だけでなく多くの関係者に迷惑が掛かると、正直なところ大変だと思った。しかし本人は思いのほか真剣で、レースが心から好きだと分かったのでできるだけのことはしようと心がけた。スーパーGTのドライバーとしてだけでなく。１９９５年ル・マン24時間でニスモのGT‐R　LMが総合10位に入った時のゴールを切ったドライバーでもある。

そしてKONDO　RACINGとしてGT‐Rでスーパー GTシリーズへ参戦するようになり、総監督と監督という立場での関係になった。芸能人というとある種の見方があるが、近藤さんはそういう見方からすると芸能人らしくない人である。

まず芸能界ではトップの存在だが、レース界では新参者という振る舞いをする。近藤さんがあるショーの会場に現れた時、人気絶頂期にある若手グループの全員が畏敬の念で接しながら付き従っていたのを見たことがある。それが日常的なことだろうから、レースの現場にきて新参者に気持ちを切り替えるのは容易ではないと思う。しかし先輩を立て、知らないことは素直に教えを乞う。

またキチンと約束を守り、忙しい時間も何とかやり繰りしてミーティングに参加して、言うべきことは言う。2016年のスーパーGTでは2勝を挙げ結果も出し、チーム運営に目配りする優れた経営者でもある。その2勝も監督としての好判断がもたらしたものであった。

モータースポーツを一般の世界により普及させるのに、近藤さん以上の存在はない。それを本人もよく承知していて、モータースポーツ・ジャパンや日産大学校のレース参戦へもボランティア的に活躍してもらっている。

芸能界であれトップを極めた人は、どこでも通用するのである。

WRCのティモ・サロネンとトミ・マキネン

我輩はフィンランドで行なわれる1000湖ラリーにエンジニアやマネージャーとして都合4回参戦した。北欧の短い夏の風物詩として、また高速ラリーとしても有名である。路面は舗装路ではないが、ラリー車が走っても轍もできないくらい硬く、かつ上下左右にうねっている。そこを速く走るとジャンプするが、ジャンプして空中にある間は加速しないのでタイムロスになる。だから速く走りながらジャンプの距離をできるだけ小さくするドライビングが求められる。

若きティモ・サロネンを雇った時、そのドライビングテクニックに驚いた。路面がうねり尾根と尾根が連なっていて、かつ尾根間の距離がおのおの違う所を、彼はアクセルとブレーキを巧みに使いながら、尾根の頂点だけに接地しながら走った。また普通のスピンターンは、速い速度からサイドブレーキを引いたり、リアタイヤを急転させての急激なターンになるが、サロネンはゆっくりしたスピードで、路面のμと相談しながらブレーキでクルマの姿勢を前寄りにし、アクセルワークでゆるゆるとスピンターンさせることができた。

パルサーGTI-Rで参戦した時のトミ・マキネン（現トヨタWRCチーム代表）は、

確かに速さはあったがクルマがよく壊われた。我々はそれまでの経験に基づき、かなり負荷の高い耐久性能基準を設けて、それに沿ってクルマを設計し台上試験でも確認していた。従ってクルマが壊れるはずはなく、彼のドライビングが荒っぽいから壊れると結論付けた。実は我々の経験値はだいぶ古く、マキネンの走りに耐えられるクルマを作らねばならないということに気付いていなかった。

　サロネン、マキネンのふたりとも、後に複数回世界ラリーチャンピオンになっているからまぎれもない世界一の人たちである。予算やタイミングなどさまざまな理由はあるが、彼らともっと上手に組めていたら良かったと、悔いが残る。

マキネン（右）は1996年からWRC 4 連覇を達成。写真は1992年。

モータースポーツの独自考察

1）スーパーGT控訴問題を考える

２００６年の古い事案であるが、二度と起きないことを祈って書き残す。

その年のスーパーGTでペナルティを課せられたチームが、その判定を不服としてJAFモータースポーツ審査員会（以下JAF審査委員会）に控訴し、そこで下された裁定に異議を唱えた他のチームが、上級審であるJAFモータースポーツ中央審議会に再控訴した事案の経緯である。

第3戦富士５００kmレースのレース中に起きた接触事故に関して、レース後#36SC４３０に35秒加算のペナルティが課せられ3位のポジションを失った。これは現地の大会審査委員会の判定で、それを不服とするチームはJAF審査委員会に控訴した。この時点での#36SC４３０の獲得ポイントはペナルティの判定が有効であるから暫定的に小さくなり、このままだと次戦はウェイトハンディも少ない状態で臨むことになる。

そして規則上は30日以内に出すべき裁定だったが、JAF審査委員会は2か月後に#36SC430の控訴を認め、大会審査委員会の判定を覆す裁定を下した。

この時既に第4戦セパンのレースは終わっていて、#36SC430は暫定のウェイトは軽いままで戦っていたことになる。一方で裁定の結果、第3戦3位のポジションは回復しポイントも復活したので、裁定がセパン戦前に下されていれば重いウェイトで戦う必要があったわけである。現実にはセパン戦で#36SC430はリタイアしたので特に得失が発生したわけではないが、軽いウェイトで好成績を出していたら、チャンピオンシップ争いに大きな影響を与えていた可能性がある。

無理筋を承知で敢えて控訴

ここで#23ZはJAF審査委員会へ控訴した際の当事者ではないが、裁定の結果#36SC430の順位が繰り上がることで3位から4位に落ちるので不利益を被ることになる。そこでJAF審査委員会の裁定を不服として上級審のJAFモータースポーツ中央審査委員会に控訴した。モータースポーツの結果に対する控訴は不利益を被ったチームからの控訴しか受け付けられない。例えば1位のチームが3位のチームを訴えることはできないシステムになっている。従って#23Zは不利益をこうむるとして控訴したわけだが、JAF審査委員会の段階で控訴したのは#36SC430で、#23Zは当事者ではないから無理筋であるのは分かっていた。しかし担当者として敢えて控訴を決断した理由は、この裁定を放置するとモータースポーツ界に次の2点で混乱を招くと判断したからである。

●JAF及びFIAの規則に明記された「控訴の裁定は受理してから30日以内に下す」を大幅に逸脱して、2か月後に裁定が下ったこと。

30日と定められた理由は、シリーズ戦の場合は次戦への影響がないように出来るだけ早く結論を出そうとして決められたはずである。特にスーパーGTの場合はレース結果によるウェイトハンディ制だから、暫定順位で戦いそれが裁定によって変更になった場合はチャンピオンシップを左右することになる。今回も30日以内に裁定が出ていればセパン戦への問題はなかった。

一方で控訴する側は、大会審査委員会の判定から控訴までの期限が定められ、それを越えると受理されない。これでは不公平で、指導的立場の上級機関だからこそルールに従って欲しいと思ったのである。

●正しい判断を下すには、事実関係を正確に把握する必要があるが、当事者からの聴取も十分ではなかったように思われた。

大会審査委員会の判断は、実際現場にいて接触事故を間近に見た審判員や競技長の審問もあまり行なわずに下されたようである。控訴問題にまで発展するほどだから、それほど微妙で判断の難しい案件である。だからこそ客観的な事実関係を積み上げて欲しかったという思いがあった。

#23Zの提訴に対する上級審のJAFモータースポーツ中央審査委員会の結論は、内容を審議する以前に却下ということであった。「JAF審査委員会に控訴した時の当事者ではない#23Zの控訴内容を審理することは、該当する規則も前例もないし、それを認めるとなると際限なく控訴が続く可能性があるので、控訴を却下する」といういわば門前払いである。一般の世界でいうと最高裁判所の判断と同じ位置付けだから、それはそれでやむを得ないと納得した。

そして「規則では厳格な控訴期限を定めている」、「自動車競技を巡る不服の早期確定を目指す紛争処理機関としての役割」という文言も入っていたので、我々が意図した「ルールどおり早く裁定を下す」、「公正な判断を下すよう努力する」の狙いは十分理解してもらえたようで、今後同様なことは起きないと判断した。

人間の知恵がまだ浅はかであった絶対専制君主の時代でも、為政者はカマドから立ち上がる煙を見ながら庶民の生活ぶりを判断し、さまざまな政策を取り入れたそうである。現代はいささか複雑になりすぎて専門家以外には理解できないことがまま起きるので、上部機関にある方はぜひ現場の現実の姿に目を向け、了見の狭いレース家かもしれないが彼らの言葉にも耳を傾けていただきたい。

一方で我々も、人間の能力では微妙にならざるを得ない判定もあり得ることを前提

＃23 Zの控訴は棄却されたものの意図は伝わった。

として、モータースポーツ競技規則の基本である、「審判の判断には如何なる抗議も認められない」を遵守する姿勢で臨んでいきたい。

2）レーシングドライバー考

第8章で述べているように、今までもそうであったが、これからはさらにプレイヤーたるドライバーが、モータースポーツの発展にとって重要な肝となる。自動車産業としては世界トップレベルなのにモータースポーツでは後れを取り、ドライバーとして国民的なスターのいない日本においてはドライバー育成が特に大きな課題である。

頂点が輝き光ることで、すそ野まで明るくなるので、先ずは頂点を光らすトップドライバー育成に焦点を当てる。

世界のトップドライバーはF1チャンピオンであるが、F1のシートは現在20席しかない。それも同じドライバーが平均5年くらいはシートを確保しているから、新人に空くのは1年に1～2席程度。歴史上実力でシートを得た日本人ドライバーは5名に満たないから、厳しい条件ではあるがまずはF1のシートを得たい。そしてポイント圏内で戦えれば、少なくとも日本国内では高く評価され、国民的ヒーローにはなりうる。

瞬発力と空間認識能力は白人系が勝る⁉

世界で活躍しているトップアスリートは、間違いなく「天才が必死で努力」してそのポジションを得ている。努力は周りの働きかけや環境を整えることで可能だし日本人の得意とするところだから、世界に通用するトップドライバーが現れるには、まず天才を発掘する必要がある。

それではその条件は

①　天与の才能に恵まれた人の生まれる確率が一定なら、人口が多いこと。

②　もし民族の特性として、その持てる能力に適不適や地域的な偏在があるのなら、それを克服する手段があること。

③　天与の才を発揮する機会があり、モータースポーツの世界に挑戦しようとする思わせる魅力や、将来性があること。

③については関係者が頑張って、モータースポーツの世界を盛り上げていくしかなく、我々の努力次第となる。

では①、②についてであるが、ドライバーとしてどういう才能が必要か分かっていいなくては、判断や選抜のしようがない。

サッカーでは、国際サッカー連盟（ＦＩＦＡ）が世界中から膨大な情報を集め分析し、「サッカーに必要な体力・体質的な資質は、瞬発力と持久力」と定義し、それを基に才能ある人を発掘している。そして年齢によって、筋肉増強や持久力強化の方法も変えていて、育ち盛りの子供たちにはおやつの推奨メニューまである。ゴールキーパーに求められるのは瞬発力に加えて、手足の長さや身長の高さなので、将来性は骨密度のデータを用いている。

データを統計的に整理・分析した結果ではないが、我輩が長年の経験上言えることは、ドライバーの持久力はトレーニングで何とかなる範囲だから才能として必要なのは、まずハンドルやブレーキ、アクセル操作などの際の瞬発力。また優れたドライバーは、どんな場所に駐車しても大体一発で決めるから、空間認識力に優れること。

瞬発力と空間認識力がドライバーとして必要な才能と論じたところで、嫌な情報が甦ってきた。

かつて世界中で読まれ、日本だけで累計３５０万部のベストセラーになった「話を聞かない男、地図を読めない女」（アラン・ピーズとバーバラ・ピーズ著）は奇抜な表題とは異なり、さまざまな統計上のデータや、科学的裏付けを多用して信頼できる内容になっている。

その中で男性ホルモンの中で代表的なテストロンを多く分泌する人は、空間認識力が高く、自動車レースのような狩猟系スポーツに向いていて、そのテストロンは白人系に多く、アジア系のヒトの分泌は少ないとのこと。

また別の文献によると（よく知られていることだが）、ヒトの筋肉は赤色の遅筋（持久力に向く）と白色の速筋（瞬発力に向く）から構成されていて、白人系には速筋の割合が多く、アジア系は遅筋が多い。特に黒人は日本人より速筋が40％も多いとのこと。だから100m走やバスケットなど速筋が支配的なスポーツは黒人が活躍しているのも理解できる。

白身魚が近海でピチピチ跳ねているのに対し、遠洋を巡るマグロが赤身なのも同じ理由による。日本人がマラソンや耐久レースが好きなのもそういう生理的な欲求から来ている可能性もある。

日本人がアスリート系で世界一になっているのは、マラソンや体重制で持久力も重要なレスリング、柔道くらいだから、これらの説は正しいと判断せざるを得ない。

欧米は選ぶ文化で日本は育てる文化

ここで天才の地域的な偏在について考える。

これもベストセラーになった「国家の品格」（藤原正彦著）によると、天才は特定の国、地域から多く生まれているらしい。ノーベル賞受賞者や古典文学者、大数学者を輩出した国という基準でみると確かにアイルランド、インド、イギリスからが多い。何故そこなのかというと、美の存在、何かにひざまずく心、精神性を尊ぶ風土と著者は指摘し、日本も該当するからこれから天才が輩出するだろうと述べている。

以上述べたことで地域の偏在性は問題ないが、日本民族として瞬発力と空間認識力でハンディを背負っており、これでは世界に通用するドライバーは出てこないことになる。

ここで落胆しそうになった時に、森山寛さんの著書を思い出した。森山さんは日産が超日本的経営で破綻寸前に陥り、カルロス・ゴーンさんの欧米的経営によって立ち直るまでを取締役として身近に経験、ゴーンさんの経営手法をじっくりと観察し、或いは自身がその流儀に翻弄される中で、「確かに日産は破綻寸前までいったが、日本の経済や自動車産業自体は世界に冠たる存在感を示している。そのわけは、欧米的経営の人材政策が『選ぶ文化』なのに対し、日本的経営のそれは『育てる文化』であり、その育てる文化が選ぶ文化に優るから世界を制しているのである」と著書で喝破されている。

そうだ！　日本は極東に位置する小さな島国ながら、太古の昔から和を大事にし、チームワークに価値を見出し、キチンと必要な人材を育ててきたから、世界に伍する、いや世界をリードする日本になったのである。だから日本の文化を最大限生かし、「育てれば良い」。

今は諸般の事情で発展的に解消し、各メーカー独自の方式に戻ったが、２００６年から２０１３年まで行なわれたフォーミュラチャレンジ・ジャパン（ＦＣＪ）は、「世界に通用するトップクラスのドライバーを育てる」ことを目標に、トヨタ、ホンダ、日産が協力して取り組んだプロジェクトである。

まだレーシングドライバーとしての資質について客観的なデータがなく、実績でしか評価できないので、主として全日本カート選手権で結果を出した人の中から、才能と志あるドライバーを選抜しレースを通じてキチンと育て、上位のドライバーにはスカラシップ制度で上級へステップアップさせていた。ただトップドライバーというと5年や10年にひとり出るか出ないかというレベルだから、そこを理解して粘り強い継続した取り組みが必要であったが、頓挫してしまった。

多くの自動車メーカーが協力したＦＣＪのようなシステムが、規模も大きくさまざまな可能性があり、「育てる」という共通の認識で自動車関係以外にも訴求できるので、広くモータースポーツの発展も目的とするドライバー育成には向いていると思う。今盛んになりつつある、ＦＩＡ　Ｆ４の活用も含めて、ＦＣＪ方式の復活を望みたい。

ニスモのドライバー評価方法

才能を客観的に評価する制度がないので、実績で評価せざるを得ないが、では実績をどうやって評価するのか。これは将来有望なドライバーの発掘にも必要だが、現役ドライバーにとっても公正に評価されて契約金に反映して欲しいはずである。何位だったと最終結果だけでは、さまざまな要因が絡むので本人の成長や、やる気につながらない。ドライバーが納得し、チームの好成績にも貢献する評価が必要である。

ニスモでは以下のような視点に立って、さまざまな取り組みを行なっているが、これはというシステムはまだ見いだせていない。

まず、レーシングカーというハードの仕上がり具合やその時々の気象条件など外部要因が結果や速さを左右するから、状態や状況を反映した主観的評価とデータによる客観的評価に大別する。

主観的評価はその置かれた状況にどう対応したか、フリー走行、予選、決勝に分けて5点法で我輩が採点する。客観的評価はベスト10ラップ、ベスト20ラップ、ピットイン

／アウトタイムを機械的に計算し、それにタイヤ性能、ウェイトハンディを考慮した係数を反映して日産系ドライバーの中で順位付けをする。

これらの主観的評価と客観的評価をレースごとにまとめて、日産系監督会議で議論して評価表にし、折りに触れドライバーにフィードバックしながら年末にシーズンを通してのドライバーの評価を行なう。星野監督はじめドライバーに一家言持つ監督と白熱した議論の結果であるが、レース結果や最終的なシリーズ戦績とこの評価表が一致しないことも多く、今は行なっていない。

レース結果第一としながらも、公正な評価方法の確立はチームや現役ドライバーにとっても、次世代ドライバーのためにもとても大切なことだから何らかのやり方を模索し続ける必要がある。

一流に求められる戦術観と頭脳

スピードを競うから、ただ速ければ良いと考えがちだが、レースに勝ち、シリーズタイトルを獲れるドライバーは「頭が良く、人としての魅力の溢れる」、即ち人間力を備えていなければならないし、事実そういう人たちが勝っているし、チャンピオンになってきている。

2016年のスーパーGT第4戦SUGO 300kmレースで、#24GT‐Rが総合優勝したが、#24GT‐Rはヨコハマタイヤを装着し、タイヤ無交換作戦でトップに躍り出た。無交換だったので当然終盤はタイヤのグリップ力は落ちてきて追い上げた#38RC Fと接戦になったが、アクシデントにより残り6ラップで赤旗終了となり、#24GT‐Rが勝った。

レース後、最後までレースが続いていたら#24GT‐Rは#38RC Fに抜かれていたではとの話題で盛り上がったが、#38RC Fより前の#39RC Fとの戦いで既に、#24GT‐Rをドライブしていた佐々木大樹は自車の強み弱みを把握して戦っていて、最後まで抜かれる心配はなかった。タイヤのグリップが落ちてくるとコーナーで抜かれやすいが、SUGOの場合コース幅が狭い割にはスピードが高く、そこでは抜かれにくい。また最終コーナーからストレートにかけては他車より圧倒的に速いが、上り坂の最終コーナーでGT300に絡んで一瞬でもアクセルオフにすると、再加速で後続に抜かれる可能性があった。これはSUGOならでは抜かれ方で今まで何回も最終ラップのドラマを生んでいる。

GT300もGT500のトップ争いの邪魔をする気はないからラインを譲っている

が、トップ争いをしているＧＴ３００は他に気を遣う余裕はない。

従って大樹は、トップ争いをしているＧＴ３００に最終コーナーで絡まないように、そのかなり手前の「馬の背」や「ＳＰコーナー」から前を走るＧＴ３００の位置を確認して、後続するＧＴ５００をけん制しながらスピードを調整し、ストレートの強みを生かすことに集中していた。

このように強みや弱みを把握して、それを生かす走り方も勝つためには必要で、一流にはそういう戦術観を持てる頭脳が求められる。

これは他の世界にも言えて、例えば相撲の横綱が学歴はなくても、人並み以上の教養を備え、戦略戦術に長けているように、

佐々木（左）は柳田と組み2016年第４戦SUGOを優勝。

横綱になり得る人材はあたま（地頭）が良いのである。

またブラジル五輪で日本柔道の復活を成し遂げた井上康生監督が言っているが、選手ひとりひとりの人間性、即ち、身だしなみ、言葉づかい、思いやり、感謝の気持ちなどと個人の知的能力が上がったことが復活の最大要因であったらしい。勝つためにそれが重要だと説き続けた結果、いつもジャージ姿だった服装もネクタイ、ブレザーを着用するようになり、あいさつも「おっす」から「おはようございます」に変わり、本を読み、柔道の枠を超えた考え方をするようになった。それは自分の振る舞いに誇りを持ち、自主的に物事を考え、好成績につながった。

一流のドライバーにも同様なことが言えるし、次世代を担う若手ドライバーにも学んでいって欲しいことである。

ただ「衣食足りて礼節を知る」という格言もあるように、一流ドライバーに相応しい処遇があって、初めて礼儀正しく堂々とした振る舞いができるとも言える。これはモータースポーツの格を上げるために、ドライバーだけでなくモータースポーツ関係者にも言えて、待遇面での改善はマネジメントする側の努力に期待したい。

3）性能調整論

１９９４年に本格スタートしたスーパーＧＴの前身の全日本ＧＴ選手権（ＪＧＴＣ）では、画期的な性能調整制度が採用された。

参戦したいというメーカーには門戸を開き、参戦車種の性能の過不足は技術規則を調整することで補い、レースごとに勝った車両にウェイトハンディを課すというものだった。従って勝つべきクルマが勝ち続けられないことになる。これには、公正な競争ではなくプロレスだという批判が伴った。

バブルが弾けて、自動車メーカーは相次いでモータースポーツから撤退したので、ファンも離れ業界も危機的状態にあった。一方でクルマにとってモータースポーツは切っても切れないものだから、バブル崩壊の痛手から立ち直った暁にはメーカーの再参戦も期待できた。そこで過去の反省を踏まえ、参戦車の確保と撤退を避けるべく、加治次郎さん（初代ＧＴＡ事務局長）という稀代の戦略家が編み出した方策である。

その後を引き継いだ坂東正明さんの起業スピリッツが事業の拡大と定着に貢献し、スーパーＧＴはグローバルに名を成すこととなって、当初のプロレス論は影を潜め、今や世界選手権レベルまでさまざまな形の性能調整が行なわれるようになっている。

例えば、獲得ポイントによってウェイトを載せたり、エンジン出力を低下させる方式や、事前にそのマシンの諸データから速さを想定し、ある一定の速さの範囲に収める方式（性能調整＝ＢｏＰ＝Ｂａｌａｎｃｅ ｏｆ Ｐｅｒｆｏｍａｎｃｅ）などが普及している。

２レース制の場合、１レース目の結果の１位から８位までのドライバーが、２レース目はスタートグリッドが８位が１番前になり順次７位、６位……となるリバースグリッド方式などもある。これはマシンの性能調整とは異なるように見えるが、ワンメイクなどのシャシーの微妙な性能差を間接的に調整している。ただこれは少しやり過ぎの感もある。性能調整については、実力勝負を阻害するのではと同業の人を含めて違和感を持つ人が多いと思う。

では、マラソンや１００ｍ走などの陸上競技は同じレベルで競われていて、柔道や、レスリング、ボクシングなどの格闘技が体重別で戦っているのに違和感はないのであろうか。またアスリート系の競技は必ず男女別であるが、モータースポーツは男女の区別は恣意的なもの以外は存在しないし、インディカーのダニカ・パトリックや、世界ラリー選手権のミシェル・ムートン、耐久レースの井原慶子など男女が同等の条件で戦った例はたくさんある。

アスリート系で男女や体重別に分かれているのは、その男女や体重による体力的能力の違いが勝敗に大きく影響するからである。これには皆さんも納得されるだろう。

モータースポーツではというと、レーシングカーやラリーカーという道具の性能がドライバーの能力以上に勝敗に影響する。だからアスリート系の体重別に相当するのが、モータースポーツではマシンの性能調整になる。また男女別には分かれていないのは、マシンの性能差だから分ける必要性も理由もないからである（男女別については、体力差や体形、女性特有の行動様式もあるので、今後検討すべきである）。

このように他の競技と比較すると、性能調整の妥当性が理解できるが、身体の大小や男女のように、その違いが目に見えやすいアスリート系スポーツに対し、マシンの性能調整は目に見えにくいし、やり方も統一されてはいない。従って今後とも違和感を持たれないようにその意味の理解を促進すると同時に、できるだけ統一した方式を模索していく必要がある。

4）モータースポーツと自動車文化論

自動車生産国として世界のトップレベルに君臨している一方で、日本にはモータースポーツ文化や自動車文化は根付かないと言われて久しい。

自動車文化が根付いている程度を示す指標が曖昧なので、実際にどうなっているのか良く分からないが、欧米のクルマ事情に詳しい人は皆、日本の自動車文化の貧困さを嘆き、何とかしなければと檄が飛ぶ。

では自動車文化とは何なのだろうか。

世の東西を問わず人は、歴史的な旧跡即ち遺跡（ヘリテージ）を目の当たりにすると、しばし懐古し、感動し、ロマンティックな気分に浸る。そしてそれらは必ずヘリテージになり得た奥深い背景、物語を持っている。例えばローマの遺跡の数々は、ジュリアス・シーザーの戦いの歴史や、政治的勝利、或いはクレオパトラとの恋の物語などを秘めている。ヘリテージはこれらの物語とともに誰をも「感動」の世界へ導いていくのである。

このように文化を広く捉えると、旧いものを大切にすることと言って良いのではないか。もちろん現代のものにも文化的価値のあるものがあるが、それでも旧いものから少なからず影響を受けており、切り離せないはずである。

そして旧いもの（ここでは旧いクルマ）を大切にする風習は、何とかしろと檄を飛ばされて頑張っても、果たして何とかなるものだろうか？　欧米の自動車文化も一様ではなく、国によって形態がそれぞれ違うから、文化は育てたのではなくさまざまな要素が絡んで、自然発生的に根付いたものではないか。

それでは日本に自然発生的に自動車文化が根付く可能性はあるのか？

そもそも技術的、物質的な文明と違って、その地域の歴史、風土、民族、宗教に根差す文化というものは、進化は遅いし、今のようなグローバル社会となっても地域を超えて伝搬、浸透しにくいものである。従って移動を重ねる狩猟民族を起源とする自動車文化は、安全志向の強い、土着、農耕民族の日本人には受け入れ難いのではと思われる。いやいや、遡れば日本人も、過去ユーラシア大陸で権勢を誇ったこともある騎馬民族の匈奴（きょうど）（フン族）と同じモンゴロイドを遠祖としている。だからＤＮＡの一部には熱くはやる血潮がたぎっているはずで、民族的に日本人であることが阻害要因にはなり得ない。

一方で、ぺらぺらと燃えたり朽ちやすい「紙と木の文化」は旧いものへの関心が薄い傾向があるし、「三人寄れば文殊の知恵」、「良いとこ取り」などの格言があるように、真似する文化が横行しがちで、独自性あふれるデザインなどが生まれにくい。

また政治的な社会のシステムも、安全の確保を名目に行われる短い期間での車検制度（欧米では安全確保は自己責任で、車検制度のない国が多く、あっても期間が長く、税金を伴うものはない）や、環境に与える負荷を理由に旧いクルマの税金を高くして買い替えを促す新車税金優遇策などが、旧いクルマのオーナーに負担になる。そもそも新車を造ることの環境負荷（原材料調達、製造、輸送など）まで考えると、旧いクルマに乗り続けた方が負荷は小さいし、旧いクルマはそれほど長い距離を走らない。税金に半分くらい取られるガソリン代やその他の税金負担もクルマに傾斜しているし、狭い国土は、駐車料金や高速料金などの負担に拍車をかける。

適度なゆるみの心地良さ

最初に、古いクルマを大切にすることを自動車文化と定義したが、このようにネガティブな要素が並ぶと、日本での自動車文化普及に疑問が湧いてきた。しかしクラシックカーが1600㎞の公道で4日間競う「ラフェスタ・ミッレミリア」への参戦体験によって一筋の光明を見出した。

スタート会場に流れるBGMは、ディズニー映画「ピノキオ」の主題歌、「星に願いを」である。ピノキオは木製の人形だったが、人間になりたいと願い、大冒険の末その願いが叶った。そして世の成功者たちは、「強く願い、自分の力を信じて努力し続けたら願いが叶った」とよく口にし、大人になっても少年の心と冒険心を併せ持っている。欧州の貴族や富裕層を起源とするモータースポーツだから、そんなエクスクルーシブな人たちが競い合うこの場に「星に願いを」はまさに相応しい。なお我輩はピカピカの1954年製ポルシェ356スピードスターのオーナーS氏に誘われての参加です。念のため。ベントレーやブガッティなど小型蒸気機関車のような形をしたクルマや、2000㏄なのにV8という代物もある。ほとんどが屋根なしで幌も良く機能しない、シートベルトやエアバッグもない、ウィンカーも手で戻さないと戻らない、騒音・振動も多く、シフトダウンはヒール・アンド・トウが必要で、エンジンはぐずるし、ハンドルを切ってもすぐには曲がってくれないなど、現代のクルマならリコール対象になりそうなクルマ達だから、走り出した時は1600㎞の先行きが不安になった。

しかししばらくすると、この適度なゆるみが何とも言えない心地良さをもたらしてくれた。仕事にしろ、遊びにしろ最近キチキチ、セコセコしたデジタル的な生活に慣らされて、本来人間の持つ大らかな感覚やゆとり、ヒステリシスの多いアナログ的なものをすっかり忘れていた。それを何とも言えない心地良さと共に確かな手応えとして思い出させてくれた。加えてクルマは古くても外観はかつて一世を風靡したスタイリッシュなものだから、レースが終わる頃にはやんちゃ娘を手塩にかけて淑女に仕立て上げた気分にもなった。

東北道の緩い上り坂で渋滞にはまり、雨が落ちてきた。幌をあげようにもなかなか開かない。カッパを取り出そうとした時に、前後するクルマで色とりどりのパラソルが幌代わりに三々五々に開いていく。ノルマンディーのひなげしの花畑をバックに描いたモネの「パラソルをさす女」を思い出したら、大きな虹が手の届きそうなところにかかった。

「温故知新」という言葉は、「故（ふる）きを温（たず）ねて新しきを知る」という意味であるが、ミッレミリアでまさにその古いものに触れることで、平衡感覚を失った心のバランスを真ん中に戻して、人間本来の姿を再確認させてくれた。文化だからこそ精神性を伴い、人それぞれに想うところは

「ラフェスタ・ミッレミリア」参戦体験に一筋の光明を見出した。

違うかもしれない。しかしこのように旧いクルマを大切にして、慈しみ、楽しみ、感じて、それを話題にしながら語り継ぐことで、ヒトの心に働きかける何かが生まれたのは事実である。これを自動車文化のなせる業と言わずに何と言おう。

モータースポーツはヘリテージを紡ぐ舞台

ただ古ければ良いというのではない。語り継がれる物語やたたずまいがないと、ヘリテージ（文化的遺産）として、多くの人々の関心と感動を呼ぶことにはならない。それは他の文化的遺産と同じである。

そしてヒトが関わるが故の物語だから、ヒトの運転技量とクルマの機能を人知をかけて競うモータースポーツがその物語の格好の舞台を提供することになる。その舞台でのヒーローの劇的勝利や、敗北がドラマを生み、ドラマの振幅が大きければ大きいほど長年にわたり人々に語り継がれ、ヘリテージとなる。「速くて勝つクルマは、美しく見える」とよく言われるが、速さはアート（芸術品）ではないが、インダストリアル・デザイン（機能美）を極めたものだから美しく、ヘリテージとしての価値を高めてくれる。

現実に、ヘリテージとしての評価を得ている古いクルマのほとんどが、レースやラリー即ちモータースポーツで活躍した経歴を持っている。

だから、日本に自動車文化が根付いていくにはモータースポーツが盛んになることが必要である。

その頼るべきモータースポーツ文化の現状はどうなのか。識者はここでも欧米に比べて貧しいと言う。

トムス監督で、ル・マン24時間の総合優勝経験を持つ関谷正徳さんの言葉を借りると、「立派な設備の国際的なサーキットが6つもあり、毎週のようにレースが行なわれ、目ぼしい世界選手権はすべて実施され、スーパーGTとスーパーフォーミュラという格式、内容、ファンの支持に富んだレースがシリーズで行なわれている国は、世界中を見渡しても日本だけである」、「だけどモータースポーツ関係者や一部の熱心なファンを除くと、一般の日本人へのモータースポーツへの認知度は著しく低い。何かがおかしい」。

確かに我輩の肌感覚でもそうであるし、経験的に知っていることは、欧州では現役大臣とか、政府高官、企業のトップの何人かは、何らかの形でモータースポーツに関わっているか経験しており、日常会話の中でも、「今F1のランキングトップは誰で、今度のル・マンで競り合うメーカーはA社とB社である」などが話題になる。日本では、モータースポーツとかレースは競輪や競艇とも混同され、我輩の仕事を説明するまでに、そもそもモータースポーツとはどういうものかから始めなければならない。

これは根強い現実であって、一部が頑張っても一朝一夕には解決が難しい。この現実を深く考えると、欧米で始まり早くから普及していたクルマだから、欧米の人は生まれながらにクルマに接してきた。そういう世代が社会的な地位も得てオピニオンリーダーの立場に随分と前から立っているのである。我々とは三世代くらい違うのではないか。そういう人たちが自動車文化を根付かせる役割を果たしたのだろう。その観点でいうと、日本は欧米には遅れを取ったが、これから生まれながらにクルマに接してきた世代が活躍する時代が来る。事実、国会議員が構成する「自動車文化を考える議員連盟」がクルマ好きを自負する古屋圭司議員の提唱で発足したし、各自動車メーカーのクルマ博物館の類も若い経営者の意志で充実してきている。これらは良い兆候で文化が自然と根付く温床となる。

また文化は育てるものではないと言ってきたが、モータースポーツという舞台はヘリテージを生み出す物語を作れるのだから、その舞台を支えるメーカーやドライバーたちの努力次第で、自動車文化を育てることができる。これは頑張って何とかなる部分である。

自動車文化が自然と根付く環境が整いつつあり、モータースポーツという文化を育てる手法も見えてきた。あとは関係者の粘り強い、諦めない心次第である。

クルマの将来の形が見えにくい電動化やＡＩによる自動運転の時代がすぐそこに控えているが、むしろこれは旧いクルマのヘリテージの価値を高めるチャンスかもしれない。そう信じて努力していきたい。

5）化石燃料使用のモータースポーツはなくなるのか

自動車の電動化は急速に進む可能性が高い。それは自動運転の可能性も広げるから社会的にさまざまな影響を与える。

電動化で部品点数は圧倒的に減るし、クルマのレイアウトの自由度が増す。そして自動運転でクルマを運転する必要がないから、移動中もクルマが快適な居住空間や、娯楽施設、或いは仕事空間にもなる。移動中は無駄な時間ではなくなり、１日24時間の中で使い道自由な時間が新たに生み出されることになる。その反面クルマを運転するワクワク感や喜びは脇に押しやられてしまう。

自動車産業自身にも変革を迫る。複雑なエンジンがシンプルなモーターに置き換わるということは、それだけで部品点数が少なくなるし、周辺機器も減る。ギヤボックスが不要になり、マフラーなどの排気系、スロットルやエアクリーナーなどの吸気系、オイルやオイルポンプなどの潤滑系、ラジエターなどの冷却系は不要になる。マフラーや点火プラグ、オイルはアフターマーケットでも主要部品だから影響は大きい。

そして関係部品が減るということは雇用が減ることを意味する。すそ野が広く経済活動上重要な位置づけにある自動車産業の雇用問題は、これから大きな課題になっていくであろう。

また日本のパソコンメーカーが駆逐されたのは、パソコンをその機能ごとにモジュール化して、あちこちから安くて性能の良いモジュールをかき集めて世界のどこでも高性能のパソコンが組み立てられるようになったからである。部品点数の少ない電動車はモジュール化が容易だから、同じような事態が自動車メーカーにも起きないとも限らない。

しかし既存の自動車メーカーの強みは、1万台に1台でも欠陥車が出ればリコールさせられる厳しい規制の中で大量生産する技術と、車内外のヒトに対する衝突安全技術を持っていることである。これらは簡単には真似することはできないから短期的には地位は保たれるであろう。

また、先進国での電動車の流れは否定できないが、電動車は充電設備などのインフラが必要になるので発展途上国では依然として化石燃料車が主体となる。ただし従来のように化石燃料エンジンが主体ではなく、それはあくまでもクルマに搭載された発電装置にしか過ぎず駆動するのはモーターとなる。

飛行機は化石燃料を使い続ける

このように電動車は社会に大きな変革をもたらすが、電気自動車と化石燃料車の基本的な違いは、バッテリーと化石燃料の持つエネルギー量の違いである。

ガソリンを例にとると、ガソリンの持つエネルギーは同じ重量のリチウムイオンバッテリーと比較すると30倍多い（エネルギー密度が30倍高い）。また同じエネルギーから引き出せる駆動力は、モーターがガソリンエンジンより2・5倍効率が良い。従って両方を掛け合わせるとガソリン車は12倍エネルギー効率が良いので、航続距離を同じにすれば12倍の出力が出るかまたは、同じ出力ならば12倍航続距離が長いことになる。この差は今後バッテリーの開発が進むと縮まる可能性はあるが、長距離移動用の乗り物にとって軽く小さい燃料タンクですむ化石燃料は大きな強みになる。従って船や飛行機は今後とも化石燃料を使い続けることとなる。

また電気自動車にしても或いは水素自動車にしても、源になる電気をどこかで発電しなければならないし、水素を作りそれを車載するために液体水素にしなければならない。

そのためにはクルマ以外の所で莫大なエネルギーが必要で、それは化石燃料を燃やす火力発電所や原子力発電所、再生可能エネルギーによって生み出されているのである。今は同じ化石燃料を燃やすにしても、移動車両より発電所で燃やした方がさまざまな工夫ができるので、有害排気ガスも少なくエネルギー効率も良いから、移動車両で化石燃料を使うのは止めようという理屈である。

このように見てくると、確かに社会的要請上電動化の流れは変わらないが、産業革命以来、人類の文明を支えてきた化石燃料由来のエンジンは、飛行機での存在感で分かるように、乗り物に搭載された状態でのエネルギー効率が高く、サイズ、重量、価格、出力、航続距離の点で圧倒的に優れている。従ってこれからも化石燃料由来のエンジンがレース用として使われ続ける可能性が高い。

加えてモータースポーツがヒトの五感に訴えるから魅力があるのなら、音、サウンドの魅力は外しがたく、エンジンのサウンドは音量、音色を含めて電気モーターに比べるべくもない。全体から見れば微々たる数のレーシングカーの排気ガスを問題にするのなら、敢えて強弁すれば大型のラグビー選手15×2名が、90分間戦う際に吐き出す二酸化炭素（CO_2）も問題にすべきである。

２０１６年から２０１７年にかけて、世界中の大手自動車メーカーの株価は横ばいなのに対し、フェラーリの株価は約2倍になっている。電動化の流れで量販メーカーの先行き不透明感に対し、ヒトの五感に訴え、化石燃料エンジンの特質や音やサウンドをしっかりと使い倒すモータースポーツ由来の会社の将来性に投資家は大いに期待しているわけである。これはモータースポーツにとって心強い応援歌である。

また長い目で見たら、CO_2をほとんど出さないで安全性も高いトリウム溶融塩原発が実用化されたら発電に化石燃料はほとんど使われなくなる。ということは火力発電所の化石燃料による発電は大量のCO_2を発生させていたから、空気中のCO_2が減り過ぎる可能性が出てくる。

現在の地球表面全体の平均気温は16・5℃で、それは現状のCO_2濃度前提である。地球温暖化の原因とされるCO_2は、地球から放出される赤外線を空気中に留める特性があるから、多いと地球は温暖化し、少ないと寒冷化する訳である。

ということは将来CO_2が減り過ぎる事態になった時は、地球は寒冷化し氷河期に向かうことになる。化石燃料は使われないから安価になっているだろうし、むしろ化石燃料を使い続けているモータースポーツは長期的にも奨励されるかもしれない。

こう見てくると今後、少なくともモータースポーツにおける化石燃料由来のエンジンは存在感を高めこそすれ、なくなる事態は想像できない。

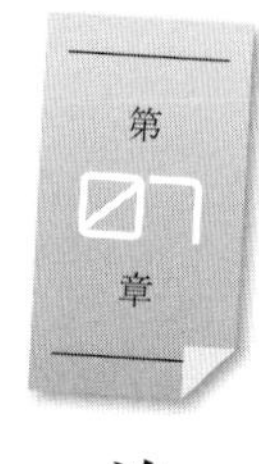

追浜からニスモそして再び追浜へ。技術開発の取り組み

この章ではこれまで取り組んだ監督以外の部分、モータースポーツ技術開発とモータースポーツ行政について述べたい。まず1968年入社以降の職歴を紹介しておく。

１９６８年　鹿児島大学工学部卒業と同時に日産自動車に入社
同年　中央研究所特殊車両実験部配属
ラリー・レース仕様エンジン開発を担当
ＥＣＧーモータースポーツ仕様開発
市販のセドリック・ターボ車初期開発等

１９７９年　ブルネイへ海外初出張
以降、ＲＡＣラリー／１０００湖ラリー／サファリラリー等のＷＲＣや各国ナショナ

ルラリーにエンジニア・マネージャーとして参戦

１９８４年　ニスモ創設時に出向し技術部長

１９８６年　日産初のル・マン24時間参戦
以降、１９９９年まで6回挑戦、１９９８年総合3位が最高位

１９９０年　日産自動車へ復職しスポーツ車両開発センター次長、部長
スカイラインR34 GT‐Rグループ A レース車及び
パルサーGTI‐RグループAラリー車を開発

１９９６年　ニスモへ転籍し取締役
日産レーシングチームの監督、総監督として、ル・マンやスーパーGTへ参戦
２００４年～２０１５年の12年間で、6回のスーパーGTチャンピオンを獲得

２００７年　常務取締役を退任し、スーパーバイザー（総監督は継続）

２０１６年　日産／ニスモアンバサダー（総監督を勇退）

その他の主な役職
２００４～２００８年　自動車技術会モータースポーツ部門委員会委員長
２００８～２０１２年　東海大学工学部動力機械工学科教授（総監督と兼務）
２０１３～２０１６年　日本自動車連盟（ＪＡＦ）モータースポーツ審議会座長

レース用開発が国産車初のターボに結実

大したことではなくても若い頃の成功体験や、事を成し遂げて褒められた経験はいつまでも記憶に残り、打開策が見つからず苦労している時の大きな励みとなる。

いつも怒られていた難波靖治さん（ニスモ初代社長）から、唯一褒められた経験が今でも我輩を奮い立たせてくれる。1973年のサファリラリーに参戦し、総合2位でクラス優勝を獲得した610ブルーバードUに搭載した燃料噴射システム（ECGI）について、「最高のエンジンだったよ。ありがとう」と帰国後、手を握りながら頭を下げられた。総合優勝した2400ccエンジンのフェアレディ240Zに対して、1800ccのブルーバードUはラフロードでのエンジンレスポンスで優り、総合成績でも終盤までトップを快走していたが、最後は240Zが逆転優勝した。そのいきさつも含めての精一杯の言葉だったのだろう。

今でこそクルマの電制システムは当たり前であるが、当時はキャブレターから電子制御に置き換わる変遷期にあった。燃料噴射システムもトヨタがEFI（Electric Fuel Injection）、日産がECGI（Electric Controlled Gasoline Injection）と呼称し、大きな可能性を秘めているのは分かっていた。そこで研究段階ではあるが、まずはモータースポーツで活用しようということで電子研究部の間中信二さんと協力して我輩が開発を担当することになった。大学時代の卒論が、エンジンの出力性能に影響する吸排気系の研究だったので、入社後もエンジンの吸排気系の担当となり、バルブトレーンやキャブレター関係、タコ足エキマニ（エキゾーストマニホールド）、ワンタッチフィルター交換型のエアクリーナーなどを設計・開発していたから、お鉢が回ってきた。血液型B型特有の新しいもの好きが高じて自ら志願した経緯もある。

当時は吸入する空気量を直接測定するセンサーがないので、吸気管内圧力とスロットル開度、エンジン回転数から吸入空気量を推測して、それに見合う燃料を噴射するシステムで、混合比の精度にやや欠けた。また運転モードや気候変化などのあらゆる条件変化に自動的な対応ができない。そこでエンジンベンチでのデータをベースとして、ドライバーのアクセル操作の全開、部分開、加速時のフィーリングで微調整したり、気温や気圧変化に対応させるセッティングボックスを考案した。5つのダイヤルで個々に合わせ込むわけである。この効果は絶大で合わせ込んだ後は、キャブレターや機械式噴射装置に比べて馬力も出て過渡性能、燃費も圧倒的に優れていた。

1973年日本グランプリのTSレースに参戦するサニーエクセレント（＝サニー1400クーペ）のLZ14エンジンに急きょECGIを搭載した時は、加速時に原因不明の息付きが出て予選もまともに走れないと北野元さんに怒鳴られながらやっと対策し、決勝では見事優勝。ニコニコ顔の北野さんにしっかり抱擁された。

富士スピードウェイでの開発中のテスト風景は、1972年オートスポーツ誌4月号に5ページにわたって特集されている。またエンジンの専門誌として当時権威のあった「内燃機関」誌にも研究論文として上梓した。ダイヤルが5個ついたセッティングボックスの写真を見ると当時の苦労が甦って来る。

またターボチャージドエンジンの当時の評価は馬力が出るということだけだった。そこでECGIで燃料マッチングを上手にやれば、低中速域の高トルクによって低ギ

サファリ投入のECGI制御がその後市販車へ。

ヤ比でも走れるので、加速性能と燃費が両立するのではと発想した。難波さんの指示のもと、ECGI制御のレース仕様ターボエンジンをディチューンして市販のローレルに搭載し、日産の開発部門での走行テストや役員向けの試乗会を開催して、ターボエンジンの新たな可能性を提示した。それは1979年に発売されたセドリック／グロリアの日本車初ターボエンジン市販車として実を結び、販売や利益にも大きく貢献したので一緒に担当した古平勝さんと社長賞をもらった。

このようにターボをはじめ、かつてはディスクブレーキや多板クラッチ、ギヤのシンクロシステム、DOHCエンジンなどモータースポーツから市販車へ発展した技術はたくさんあったが、最近はややもすると市販車の技術が進んでいるところもある。しかし競争原理が短期間に異次元のレベルで働くから、技術面でのモータースポーツの価値は依然として存在する。ガソリンエンジンの熱効率は精々35％くらいが限度と言われてきたが、今のF1では直噴ターボやダウンサイジング、低フリクション、副燃焼室などの技術を駆使して45％以上にも達している。これらは近いうちに市販車にも反映されてくるだろう。

「4駆でレースは無理」。長谷見さん、星野さんの先入観を打破したR32GT-R

1990年1月にニスモから日産へ復職し、スポーツ車両開発センターの追浜部隊を率いた。当時、日置和夫さんや亀井泰治さんによって、R32GT-RのグループA仕様の基本開発はほぼ終えており、参戦へ向けて細部のチューニングの段階にあった。初陣となる3月の全日本ツーリングカー選手権第1戦MINEでは、ギヤボックスのトラブルを克服してデビューウィンを飾った。それから破竹の連勝街道を突っ走り、当時世界中で活躍していたフォード・シエラRS500を撤退に追い込んだ。

1985年頃より日産開発部門では1990年に世界一のクルマを作るという意味の「901活動」を続けており、その象徴がグループAレースで勝てる4輪駆動（4WD）、RB26DETTエンジン搭載のR32GT-Rの開発であった。後に執行役員になる西村周一さんがレース現場に日参しさまざまな調査活動を行った結果、タイヤサイズが制限されているグループAレースにおいては、いくら高出力エンジンを載せても2輪駆動（2WD）ではホイールスピンして速くならないからと、4WDが提案された。そしてそれは市販車としても速く安全であるべきと、前後、左右の駆動トルクの配分を制御するシステム（アテーサET-S）が開発され、ブレーキングやコーナリング、濡れた路面での安定性でも優れた性能を発揮した。

実際に1989年に市販モデルが発売されると大きな反響を呼び、レースでライバルを駆逐するほど活躍していることも相まって、このモデルだけで5万台にも達する大ヒット車となった。今も愛好家がたくさんいるのも頷ける。

それまでの4WDの常識は、いわゆる生活4駆と言われる機械式のもので、雪道やぬかるんだ田んぼの畔道で2WDではスリップして進まないような所を、ゆるゆると走れる装置であった。その後アウディ・クワトロスポーツが機械式4WDで世界ラリー選手権で活躍するようになった。これは

1990年JTC開幕戦トラブルを克服して優勝。

あくまでもラフロードなどμの低い路面の直線の加速や減速で、ホイールスピンさせないでトラクションを稼いでいただけで、コーナーはゆるゆると走っていた。

これに対しR32 GT-Rは、センターデフに電子制御の湿式多板クラッチを備えたアテーサET-Sを搭載し、前後左右の駆動力を制御していたので、ラフロードや舗装路、氷雪路などあらゆる条件下、コーナーやストレート、ブレーキングでも速く走れた。構想段階では長谷見昌弘さんや星野一義さんは、「4WDが曲がる訳ないだろう。ましてレーシングカーなんて」と、てんで相手にしてくれなかったが、実際乗った瞬間に態度を豹変させ、10年前から4WDの信奉者であったかのような口ぶりになった。また当時欧州の箱型クルマの聖地であったスパ24時間レースで、1991年にR32 GT-Rが総合優勝したが、それを見たFIAが慌てて4WDのレース車には150kgのウェイトハンディを載せる規則を作った。それほどこの速さは衝撃的で、FIAも虚を突かれたことになる。

今や市販車の高出力で速い車はほとんどが4WD車という時代になっており、R32 GT-Rの先進性は誇り得るものである。

昼間も補助灯が外せなかったWRCパルサーGTI-R

R32 GT-Rの参戦開始に伴い実務はニスモに移り、追浜部隊は並行して開発していたパルサーGTI-Rのラリー車に注力した。

1990年代初めはグループCカーによる国内選手権、ル・マンやデイトナといった24時間レースへの参戦、R32 GT-RによるグループA参戦を継続しており、そういう中での新たなプロジェクトである。世間はバブルの崩壊が始まっていたので、各プロジェクトの責任者間で限られた予算の争奪戦になるのは自明の理で、後発の悲哀を味わうことになる。とにかくやれることに絞り着々と準備を進め、1991年のアクロポリスラリーから参戦を開始した。

しかしエンジンフード下に置いたインタ

補助灯で風の流れを変えて冷却対策した。

ークーラーに冷却風が当たらないためエンジン出力が足りず、耐久信頼性も今までの基準とは違う強度を要するようになっていて、速さ、耐久性ともに問題を抱えてなかなか結果が出なかった。

インタークーラーも公認の関係で生産車の位置から動かせず、風洞試験をしてバンパー前面に補助ランプを6個つけることで風の流れを変えて、インタークーラーが冷えるようになったが、フロントヘビーでアンダーステアを助長した。

夜間はライバル他社も補助ランプを付けるから同じ条件だが、パルサーGTI－Rは勝負区間の昼間も補助ランプを外せないから解決策にはならなかった。そうこうするうちにバブル崩壊の波をまともに食らい撤退となった。

シミュレーションでは成立した前輪駆動実走で生じたふたつの問題点

2015年ル・マン24時間のトップカテゴリーに、FF（フロントエンジン、フロントドライブ＝FWD）車で臨んだ。ミッドシップ車を前提として作られている技術規則の隙を突いて、FF車をミッドシップ車と同等或いは上回る性能にしようとする訳だから、かなりチャレンジングなコンセプトである。これを〝チャレンジングであることが優先される社命〟と、我輩は理解して取り組んだ。

レーシングカーの前方の床下から後方へ空気を通す、スルーダクトと称する通路を設けて空気の流れを効率化し、その空力効果によって前部のダウンフォースを極大化する。よってフロントタイヤの接地圧が上がりグリップが確保できてFF車が速く走れるという理屈である。確かに理論的なシミュレーションでは成立したが、実際に設計に入り走行テストを行なうとふたつの問題が生じた。

ひとつは、前部床下によって得られた相対的に大きな空力効果は平坦なサーキット路面では問題はないが、そうでない路面でポーパジング（路面と床下がくっついたり離れたりするうさぎ跳び現象）が起きた。ル・マンの路面の平坦度は許容範囲を超えておりポーパジングが起きたので、車高を高くして、即ち空力効果を犠牲にしてポーパジングを抑えざるを得ず、結果ダウンフォースが目標より大幅に低下した。

ふたつ目は、車体の左右側部を通って後方へ空気を流すスルーダクトの断面積を確保すると、規則で車幅が規定されているためリヤタイヤの内側のスペースが狭くなり、タイヤを細くせざるを得なかった。一方でタイヤの最大サイズも規定されているのでフロントタイヤもこれ以上太くできない。ということは速さに影響の大きいタイヤサイズが、ミッドシップ車に比べてリヤ2本が細いことになる。これも有り余るダウンフォースが得られていれば問題なかったがそうならなかった。

　また速く走るには重量もできるだけ軽くしたいが、規定の最低重量には程遠く大幅に超過した。主催者のＡＣＯが、出走時の最低重量をそれまでの９００kgから８５０kgに下げようとした時、アウディとトヨタが抵抗し８７０kgに収まった経緯がある。何年も参戦している2メーカーがこの20kgを問題視するということは、８７０kgの達成にもかなりの努力が必要ということだから、初参戦車には重量面のハードルも高かった。

　トップカテゴリーに義務付けられたエネ

GT-R LM NISMOはポーパシングとタイヤサイズの問題で想定した性能を発揮できず。

ルギー回生装置に、機械式のフライブリッドを採用した。タイヤなどの駆動側が減速する際、内部のフライホイールを増速させてエネルギーを貯める仕組みで、減速を増速につなげるという逆の動きは50個以上のギヤを必要とした。ギヤはフリクションロスになるので、多くのギヤの組み込みのために、エネルギー回生装置なのに装置自身でもエネルギーを消費していた。

結果、チャレンジングではあったが戦いらしきものは何もできずに２０１５年のル・マンは終わった。そしてそれは我輩の最後のル・マン挑戦であり、置き土産の持ち帰りを次世代に託すことになった。

トップ交代で関係再構築に追われたＦＩＡでの活動

日産代表や日本のマニュファクチャラーズ代表（ＪＭＣ）、或いは学識経験者として、モータースポーツ行政を司る世界自動車連盟（ＦＩＡ）や日本自動車連盟（ＪＡＦ）のさまざまな委員や役員に、30年間にわたって就いてきた。

ＦＩＡは世界レベルで、モータースポーツ・カテゴリーの創設や改編、技術規則やスポーティング規則の制定、公認書の申請や審査などを行なう。従って総論としてはモーータースポーツの隆盛を図るべく前向きな議論が行なわれるが、各論となると各メーカーやクラブ組織、プロモーターの利害がぶつかるので妥協の産物を生み、それは往々にしてせっかくの人気をおとしめることにもなった。

日本とFIAや欧州メーカーの関係は、別項で述べたように低くなったとはいえ異文化の壁があるから、事務局の上層部と密な連携が必要である。マックス・モズレー会長時代のガブリエル・カトリンガー事務局長は、JAF事務局や今は亡きスバルの小関（典幸）親分の硬軟織り交ぜた努力のおかげで、良き理解者として振る舞ってくれて助かった。

しかし欧米で良く見られる、「トップが変わると、組織の上層部をすべて入れ替える」統治のやり方は、FIAも例外でなかった。FIAはこの30年間でジャン‐マリー・バレストル氏、モズレー氏、ジャン・トッド氏の3人が会長に就き、長期政権には違いないが、その交代の度に実務を仕切る人が変わるので、関係作りの再構築に追われた。

モータースポーツは貴族の遊びに始まり、そのサポート（スポンサー）によって現在に至っているが、徐々に自動車メーカーが勢力を伸ばしている中で、FIAでは未だに貴族的紳士の方々がボランティアとして要職に就いている例もある。我々も既に異文化を克服しつつあるが、さてそういう人たちと対峙し、持論を展開するための貴族的振る舞いができているのであろうか？

審議会座長とした取り組んだ三つの課題

主にJMCの立場が多かったが、技術部会、レース部会にも籍を置き、最後は16年末までモータースポーツ審議会の座長を務めた。今は審議会に特設されたモータースポーツ振興ワーキンググループの座長に就いている。

日産の利益代表として発言、行動する時ももちろんあったが、その立場を離れてモータースポーツの振興をいかに図るかも、常に意識してきたと思っている。

JMC時代は、メーカーが予算を分担する「競技規則研究会」の活動の幅と内容の充実を図った。この存在がFIAなど海外組織との連携と深め、ドイツ・ツーリングカー選手権（DTM）との規則統合を進める時も貴重なバックアップ組織となった。

モータースポーツ審議会はJAF会長へモータースポーツ施策を提言する実質的な最高機関なので、良くも悪くも座長として権限と責任が大きいのは十分自覚していた。だから4年の任期中に日頃から思っていた三つの課題について、解決への道筋をつけようとした。

ひとつは、秋に世界選手権レベルのレースやラリーが集中することである。

9月以降毎週のように日本のどこかで、トップカテゴリーのF1、世界耐久選手権（W

Tやスーパーフォーミュラ（ＳＦ）シリーズ戦もタイトルが懸かる佳境を迎える。世間は旅行などの行楽期でもあるから、これでは一般の人はもちろん、ファンの人たちもモータースポーツへの費用を負担し、関心を持ち続けるのは不可能である。

アメリカのプロスポーツは、野球（ＭＬＢ）、アメリカンフットボール（ＮＦＬ）、バスケット（ＮＢＡ）、アイスホッケー（ＮＨＬ）、ゴルフ（ＰＧＡ）などのシリーズの開催時期を、春夏秋冬で微妙にずらしてお互いの人気を確保している。それによってファンも一年中楽しめる訳である。

日本のモータースポーツという括りで、同時期に目玉商品が集中して良くないのは審議会委員全員が理解しているが、極東にある日本はもともと日程の自由度が少なく、シリーズプロモーターの意向に沿わざるを得ない。また結果として長年秋に集中してきたために、今やファンの意識には秋の開催が刷り込まれ、例えば春にＦ１を移すと短期的にはファンの混乱を招くことも分かった。ゴールデンウィークのスーパーＧＴや、８月の鈴鹿１０００㎞などは宣伝の必要性もないほど周知されているのと同じである。しかしアメリカの例にあるように分散化のメリットは大きいので、将来を見据えて取り組んでいく必要がある。

ふたつ目は、日本一速い男が毎年30数人も生まれていることである。年末に行なわれるJAFの表彰式では、各カテゴリーの全日本選手権を獲得したドライバーが表彰されその数が30数人にもなる。これ自体は喜ばしいことであるが、世間から見たら誰が日本一速い男なのか分からず、注目に値しない。日本一の称号はせいぜい数人、望ましきはひとりで良いのではないか。

世界選手権のカテゴリーでも数多くの世界一が生まれる。しかしF1をプロモートして現在の繁栄を招いたバーニー・エクレストン氏は、時に強引にF1が頂点であり続けることに心血を注いできた。人気のある新たなカテゴリーが台頭しそうになると潰しに掛かった。例えば耐久選手権の世界スポーツプロトタイプカー選手権（WSPC）やBPR GTシリーズ、現在のDTMの前身に当たる国際ツーリングカー選手権（ITC）などが餌食になった。

即ち他を寄せ付けず、F1を際立つ頂点に維持し続けることで、世間の評価や関心をF1が最高峰と思い込ませてきた。これでF1ドライバーが世界一速い男として認知され、エクレストン氏の目的は自らの利益の極大化を図る我田引水だったかもしれないが、結果的にモータースポーツ全体の人気の維持向上に貢献した。

表彰の対象となる多くの全日本選手権シリーズが設けられるのは、減りつつある参加者即ちプレイヤーを引き留め、或いは増やすのに効果があるので、今さら表彰対象者を減らしたり名前を変えることは難しい。ＪＡＦもいろいろ工夫してスーパーＧＴやスーパーフォーミュラのチャンピオンを特別扱いする表彰形態を取るようになり、際立つ存在が生まれつつあるので当面はそれに頼らざるを得ない。

三つめは、競技参加者やファンを増やす振興策である。クルマそのものが高価で速度も速く危険が伴うので、速くする工夫や安全対策にどうしてもお金がかかる。だから本能に根差す競争心をクルマで満足させようにも、体験する機会がなくただ周りから指をくわえて見ているだけである。

最近、英国で盛んに行なわれている「オートテスト」の普及促進が、ＪＡＦから提案された。ヘルメットを付けずロールケージのない日常使っているクルマで運転を競うのがコンセプトで、安全にするために最高速度を抑え、スラロームでも横転しないコース設定を行ない、途中バックによる車庫入れも行なう。会場はスーパーマーケットの駐車場でも開催できる広さとなっている。審議会では安全に関する懸念も出されたが、規定に基づく厳格で慎重な運営をすることで、安全は担保できると判断した。

1年余りのトライアルの結果、軽自動車で参加した主婦が日頃のスーパー通いで鍛えた腕を発揮して1位になった例もある。我輩も挑戦したが、見眼麗しい女性に二度も負けた。たまたま会場に来たという人も気楽に自分のクルマで参加できるので、とても評判が良い。参加した人でB級ライセンスを取得する人も多く、ライセンス保持者の数字も上がっている。当面はこの「オートテスト」を軸に普及に努め、競技人口とファンの増加を図りたい。

以上挙げた三つの課題は、我輩の座長時代には問題を整理したに過ぎない。これから具体化をより徹底して取り組む必要がある。

現在活動中のモータースポーツ振興ワーキンググループであるが、構成する女性を含む有識者メンバーの力を借りて、オートテストなどの草の根カテゴリーの普及や、さまざまな活動の行きつく先であるトップカテゴリーのありようなど、幅広い内容の振興策を答申するつもりでいる。外部の有識者からのヒヤリングも行なっており「目から鱗」の気付きもあるので期待して欲しい。

シンポジウムでモータースポーツ技術を訴求

公益社団法人自動車技術会は、自動車に関わる科学技術を研究する現在4万人の会員を抱える国内有数の学術団体であるが、そこに林義正東海大学教授（当時）の発案でモータースポーツ部門委員会が設置された。

他のスポーツと違うモータースポーツの持つ技術や文化的側面などを総合的に研究する委員会で、アーカイブ活動にも取り組んでいる。

我輩は林教授から引き継ぎ4年間委員長を務めたが、特に一般公開する「モータースポーツ技術と文化」と銘打つシンポジウムは、自動車会社にいても直接関わりのない人々に、モータースポーツを訴求する良いチャンスだと捉え力を注いだ。シンポジウムの定番会場となっている工学院大学講堂だけでなく、関東圏以外の人の交通の便を考慮して品川駅近くで開催したり、最新のレースエンジンやユニット類の展示、或いは媒体への強引なＰＲの要請や強制動員など、それこそ初期の頃は試行錯誤に明け暮れた。

それが今や後継の人達の頑張りで中身も充実し、多くの幅広い聴講者を集めるに至っている。第13回目となる２０１７年のシンポジウムに参加して、日本のモータースポーツ活動の中で一定の存在感を確保したと感じられた。

ＪＡＦや自動車技術会は私企業ではなく、一般的に認知された公的機関と捉えて良い。プロモーターやメーカー、チーム、ドライバーの頑張りだけでは狭い業界の世界であり、どうしても盛り上がりには限界がある。従って広くあまねく社会からの信頼や認知を得る上で、ＪＡＦや自動車技術会などの積極的な関与や行動が大変重要になる。

第08章

モータースポーツのこれから30年への提言

１８８６年（明治18年）にクルマが発明され、その8年後の１８９４年（明治26年）にはフランスのパリ〜ルーアン間でレースが行なわれている。ル・マン24時間も１９２３年（大正12年）に始まり連綿と今も続いている。１３０年前のクルマの黎明期から、このようにモータースポーツは常にクルマと共にあり、これからもあり続けるはずである。しかしこの１００年間がそうであったように、時代の要請に合わせて形を変えていかねばならない。まして今は、ＩＴ技術が進歩し、人工知能（ＡＩ）によるクルマの自動運転化がすぐ目の前に来ている。

1）参戦が技術に結びついた今までの時代

クルマとモータースポーツ或いはメーカーとの関係は歴史的にふたつの時期に分かれる。

クルマが発明されて初期の頃は、新しいもの好きでハイカラな金持ち、当時で言えば貴族の人たちが手に入れた自慢のクルマで駆けっこをしていた。そして勝つことで自慢の種が増えるので、勝つ工夫に血道をあげるようになる。クルマは移動手段だから速いということは大きな価値がある。当時はさまざまな技術が日々進歩していた時代だから、クルマを作っているメーカーは駆けっこに勝つことで自社の製品の技術力を誇示できると考えるようになり、駆けっこの世界に参入してきた。それがルールもある程度整備され社会的にも認知されたモータースポーツに発展した。

メルセデス・ベンツ、ベントレー、ジャガー、アストンマーチン、ポルシェ、フェラーリ、ＢＭＷといった欧州のメーカーは、モータースポーツに参戦し好成績を挙げることで技術力を誇示し、独自の際立つブランドを確立してきた。最近ではアウディがル・マンへの継続した参戦と好成績で、高性能高級車メーカーへ大きくイメージチェンジした例がある。この間はモータースポーツで培われた技術が市販車へ生かされる時代であった。

白物家電と違いは〝人格〟

次の時代が現在で、モノによっては生産車の技術が上回り、またはモータースポーツだけの独自の技術も必要になり、市販車の技術力の誇示がモータースポーツだけでは難しい時代になった。加えて人々の関心がスマートフォンに代表されるように手軽な娯楽に向くようになり、クルマは環境に悪で危険なものであるとの間違った風評もあって特に若者にクルマ離れが進んでいる。ある調査によると今の大学生は、団塊の世代の人に比べて興味や関心を持つ項目の数が約2倍あるそうで、これらはクルマやモータースポーツに留まらず、既存の娯楽や興味対象を薄めていっていることになる。

クルマには「地点間を速く安全に移動」、「自分好みで世間に評価されるものを所有」、「運転や空間を体感」の3つの価値があるが、いずれも他に代わり得るものだし、このまま放っておくと自動運転の普及も伴ってクルマは単なる移動手段で、〝白物家電〟と言われる電気冷蔵庫や洗濯機、掃除機と同じになり、単に安く、使い勝手が良く、安全であれば良い。それでは付加価値で稼げなくなり世界の就業人口の20％は関わっている自動車産業の危機である。すそ野の広い自動車産業が隆々としていないとなれば世界経済へ負のインパクトを及ぼす。

しかし単なる道具である白物家電との決定的な違いは、クルマはブランドや車種によって「所有する喜びや誇り」や「走る楽しさ」に個性というか〝人格〟を持っていることである。その人格的なものはスマートフォンやその他の道具には決してない。

クルマの本来持つ魅力や価値の他との違いを、若者をはじめ多くの人に知らしめ、共感、共有してもらうには、クルマの究極の機能を競い、またヒトの競争本能に訴えかけるモータースポーツが最も効果的である。前出の（第1章）「ヒトの競争や速さへ欲求は本能である」と述べた経営者の方は、ヒトに限らず生き物は「いつかは来る死、即ち寿命による限られた時間を、個としてできるだけ有意義に、多くの事を成し遂げるべく生きることを宿命付けられている」と言っている。我身を振り返ると思い付くことが多いが、この本能を活用しない手はない。

自動車産業の盛衰に関わることについては、その産業自らが対応策を考えねばならないことで、複数のクルマメーカーの協力のもと、他の産業に対抗するクルマ離れを防ぐ手段として、本能に根差すが故にヒトの心を刺すモータースポーツが活用されるべきである。

そういう厳しい時代の到来を予見して、スーパーGTでは技術力の投入に制限を加え、ウェイトハンディ制によって同じクルマが勝ち続けないシステム（複数のメーカーが参戦、継続しやすい）の先鞭をつけ、日本のトヨタ、ホンダ、日産もそれに呼応したし、プライベーターのクラスであるGT300にも、国内外の多くの著名ブランドが参戦して盛り上がっている。当初はスーパーGTのハンディ制がネガティブに取り上げられて「スポーツではない、プロレスだ」と揶揄された。しかしその方策は今や純粋な技術競争を制限し、多くの参戦メーカーを呼び込む手段として世界選手権レベルにも普及している。ということはとりもなおさず、技術開発以外でモータースポーツに関わることの意義を各メーカーが見出していることになる。

このように今までを振り返ると、モータースポーツはクルマと共にあったと同時に自動車メーカーと共にあり、他の産業と関心の差別化に活用されるに至った。

２）次の30年に価値を高めるための私案

空飛ぶクルマの構想が発表になり、2020年には初号機が飛ぶそうである。またAI（自動知能）の進歩が著しいが、英国と日本の著名な新聞社の共同調査では、30年後には人間がやっている仕事の50％は、ロボットなどにより自動化されるとのこと。加えて2040年からガソリン、ディーゼルエンジン車の販売を禁止し、新車のすべてを電動車にすると宣言したフランスや英国のような国も出てきている。

これからはクルマの自動運転など当たり前だよと言っているわけである。ガレージで行きたい場所を喋ればどこにでも、混雑を避け安全に早く連れて行ってくれるから、ヒトが運転する機会は特殊な例を除きなくなる可能性が高い。従って先の項で述べたクルマの持つ三つの価値はどんどん薄れていく。もちろん一部のヘリテージカーやフエラーリなどのようなクルマは美術・芸術品としての価値は残るかもしれないが、限られた世界である。

以上のことは、中長期的には自動車メーカーがモータースポーツに価値を見出せなくなることを暗示している。モータースポ

参加型GTの主流FIA GT3も自動車メーカーの介在で成立している。

ーツというジャンルが存在し続けるには、多くのヒトを惹きつける規模とステイタスを維持しなければならないが、レーシングカーという道具に費用が莫大に掛かるのでモータースポーツはメーカーの関与がないと消滅しかねない。今や参加型GTレースの主流であるFIA GT3や、ル・マンシリーズのLMP2などプライベートチームが競い合うレースもあるが、車両やエンジンの供給は何らかの形でメーカーが支えている。まだ先としても、メーカーの関与が薄れていくということを前提として我々は何らかの準備が必要である。

プレイヤーの超絶技が見えるようにグリップを下げる

広く世間に目を向けてみると、人気があって盛り上がっているスポーツは、いずれもプロ化されていて観客やテレビ、SNSからの収入で成り立っている。モータースポーツは頂点のF1でも、成績が上位で経営的にも安定しているのはメーカーが関わっているチームで、その他は存続に苦労しているのが実情である。

では他のスポーツは何故観客やテレビ、SNSが支えられるのだろうか？　それはプレイヤーが人間技とは思えない超絶技を披露して活躍し、観客や視聴者はそれに興奮、感動してお金を払う価値を見出している。そしてイベントもそれによる収入に見合う妥当な費用で開催できているから成立している。抜きん出ているプレイヤーはスターになり裕福で皆が憧れ、あわよくばと幼少の頃からそれを目指すヒトも出てくる。

レーシング（ラリーを含む）ドライバーも超絶技を持っているので、その価値がたとえ掛かる費用が膨大であっても、それに見合う収入を生み出せれば活路を見出せる。しかしその超絶技が一部のマニア的に詳しい人達にしか見えにくいのである。前にも書いたようにクルマという道具の性能の影響が大きいのと、空力性能を生かしてレールの上をなぞるような走り方が速く走れるので、観客からは肝心の超絶技が見えにくい。しかも空力性能が高いとその時の気象条件や路面状況にクルマを合せこむトラックエンジニアの力量が速さを左右し、速い技量を持ったドライバーがいつも好成績を挙げるとは限らない。ということはスタードライバーが生まれにくいことにもなる。

道具の影響が少なくプレイヤーの優劣がつきやすい他のスポーツと同じように、プレイヤーの超絶技が観客からできるだけ見えるようにすれば、スターも生まれメーカーに全面的に依存しないでモータースポーツというジャンルが存続できる。しかし道具への依存度は高いし、スピードという危険を背負っているから、ロールケージやヘルメットなどによって依然として外部から見えにくい問題は残るが、クルマの動きがドライバーの操作に連動していると見えるようにしたい。

それは比較的簡単なことで、空力性能を大幅に落とし、タイヤも細くしてクルマと路面とのグリップ力を下げてやればよい。言い換えるとバランスとしてエンジンの出力がシャシー性能を上回れば、最高速は速くなり、コーナー入口のブレーキングやコーナリング中、コーナー出口もクルマが暴れて、かに歩き（ドリフト走行）のような走りになる。暴れているクルマをドライバーが抑え込んで速く走るには超絶技が必要で、そのドライバーの優劣を一般の観客が知りやすくなる。それを継続していくことでモータースポーツに縁のなかった人でも関心を持ち、優れた超絶技のドライバーに人気が出てスターも生まれる。要は他のプロスポーツと同じように、名実ともにファンが支えるドライバー主体のモータースポーツにすることである。

ちなみに、スーパーGTとハード面でコラボしているDTMのコンセプトは、ドライバー重視である。従ってピットワークやクルマの耐久性など余計な要素を省いたスプリント方式で、タイヤもワンメイクとなる。スーパーGTのセミ耐久、2クラスの混走、マルチタイヤ戦争を否定している訳だが中途半端で、人気となるとイマイチである。

従ってドライバー主体と言っても徹底した低ダウンフォース化（今のDTMはスーパーGTと同じレベル）とレース運営面での工夫が必要なのは言うまでもない。

また空力性能を落とす以外のハード全体をどうするかも課題である。それはビジネスとして成功している（ファンやスポンサーに支えられていることを意味する）アメリカのNASCARを例に取りたい。プッシュロッド式（OHV）のクラシックなエンジン、板金加工修正が可能な鉄板の外板など、そのカテゴリーが始まった時のハードをそのまま流用維持している。もちろん日々進歩している面はあるが、膨大なお金をかけての開発はできないので飛躍的な性能向上はない。これはハードではなくドライバーに関心が向く仕掛けになっている。

同じことはレッドブルのエアレースにも言える。飛行機だから先端技術を投入し始めたら際限がなくなる。それに歯止めを掛けるべく、エンジンはクラシックなレシプロの同じ仕様が供給され、工夫の余地があるプロペラに至っては抽選で配布される。機体は独自のものが造れるが規則で細かく規制されている。競技中の人間に掛かる重力も10G以下になるよう常時監視されている。これもまたマシンではなくプレイヤーに関心が向く仕掛けである。

こういうハード面の工夫と運営面で、真のドライバーオリエンテッドモータースポーツを目指す時が来ている。

組織や構造の明確化と一般への訴求

今後取り組むべき課題について現状認識と併せて述べると次のようになる。

●モータースポーツを広く一般に知らしめるには、報道による広報・宣伝も重要であるが、以前、大手新聞社の運動部記者に聞いたところ、「カテゴリーごとに運営組織が分散していて、報道しようにも情報をどこから取れば良いか分からない。自動車メーカーからはプレスリリースが発行されるが、プレスリリースだから客観性に不安がある。それぞれの勝者の位置付け（優劣の程度）が分からない。だから報道しにくく社内の位置付けは競馬以下である」とのこと。結果の位置付けが分からないから報道しにくいのでは、分かりやすい事故の時だけ一般紙に取り上げられるのはやむを得ない。

確かに他のスポーツはルールがシンプルで、実力のレベルによって階層が分かれているが、まとめている組織は一本化され分かりやすい。また体格で勝負の優劣がつく場合は、体重別の競技にするなど柔軟に対応している

●好きであろうがなかろうがそこに住む、或いは遊びに来ている人が否応なく

観戦する機会になるのが、市街地レースである。幸いにも電動車によるフォーミュラEによる市街地レースが盛んになってきた。騒音、排気ガスという市街地レースの阻害要因が解決できるので先に進めたい。

●社会経済にも言えるが、頂点が光ればその影響はすそ野へも波及する。ピラミッド型のレースカテゴリーを打ち立て、その頂点にいるのが誰かが明確に分かるようにして、すそ野の人たちから憧れる存在にしたい。

それはお祭りのフェスティバルにも言える。今はトヨタ、ホンダ、日産の3社が各々実施し、加えて各メーカー横断的なイベント、「モータースポーツ・ジャパン」がある。企業としてやる場合は、その企業中心の催し物になり予算もそれが多めになるのはやむを得ない。しかし一般市民から見た場合焦点が定まらず結果として効果も薄いものではないか。

英国ではクルマに関心のある人なら誰もが知っている、グッドウッド・フェスティバルのような形で〝モータースポーツ・ジャパンウィーク〟が実施できたら、頂点ができて効果的になると思う。

●世の中には男と女は同数いるし、モータースポーツ以外のスポーツはすべて男女別々に競い合っている。女性を取り込めば今までの倍の可能性があるし、女性の存在は男をも惹きつけてくれる。その場合、女性特有の筋肉強度の弱さを補強するパワステや首の横G対策などに配慮した規則制定が必要である。

いずれも当り前の話で、誰もが何とかしたいと思ってきたことである。しかし、今までできていないから、これからも時間が掛かり、早く第一歩を踏み出さないと世の中の変化についていけずじり貧に陥ってしまう。

課題が多い場合、整理してシンプルに集中して取り組まないと、解決するどころか発散して逆に課題が増えていくことになる。そこでその解決策として組織の統合を提案したい。

3）GTAとJRPの経営統合とJAFの役割強化

前の項で述べたことを実行に移すには、強力な推進組織が必要なので、これからの30年への第一歩として、日本のモータースポーツを支えているスーパーGTとスーパーフォーミュラ（SF）のそれぞれのプロモーターであるGTアソシエイション（GTA）と日本レースプロモーション（JRP）の経営統合及びJAFの役割強化を提案したい。

大胆なようだが、他のプロスポーツは運営組織の一本化が進んでいる。バスケットボールのように並立のために国際化していた問題がやや強引とも思える組織の一本化により解決し、以前にも増して人気が出てきた最近の例もある。

GTAとJRPはセダン型と葉巻型の違う形のレーシングカーのレースを仕切っているが、レースという括りをすれば何も違いはない。まして同じドライバーが乗っているから一般の人に刺さるさまざまなプロモーションの幅は広がる。

短期的には利害が交錯するGTAとJRPも実質的に経営を支えているのは、直接的にも間接的にも日本の大手自動車メーカーであるから、「将来に備える」を大義名

JRP

JRP、GTA統合は大胆なようだが、他のプロスポーツは運営組織の一本化が進んでいる。

分とする経営統合は可能であろう。

またＪＡＦも路上サービスが主たる目的とは言え、１８００万人の会員数を誇り、会員に配布される「ＪＡＦ Ｍａｔｅ」誌は、１２００万部が年10回発行される日本一の刊行物である。調査していないから分からないが、世界一の刊行物の可能性もある。「ＪＡＦ ＭＯＴＯＲ ＳＰＯＲＴＳ（ＪＡＦスポーツ）」誌も毎月５万部発行されているが、一般のクルマ所有者が読者である「ＪＡＦ Ｍａｔｅ」誌を活用して、ファン獲得に効果的に活用できたら、会員の20％に興味を持ってもらうとしても３６０万人のファン予備軍がいることになる。

またＪＡＦの強みは歴史ある一般社団法人でありながらも、一般のヒトの捉え方が公的機関ということである。日本においては公的機関の関与は重要である。

ドライバーの超絶技が見えやすい技術規則の制定とクルマ作り、ファン目線でのレース運営や適切なコスト削減、頂点レースの設定とドライバーのランク付け、頂点から草の根レースまでのピラミッド構成、レース結果の適切で早い広報、記録の分析と適切な開示、市街地レース開催、女性のレース設定等々は、今までに実現が困難であった課題である。

関谷正徳さんが取り組んでいる空力性能を下げたインタープロトや女競レース、井原慶子さん主導の女性のみのＬ１レースなどにその課題解決への芽吹きは感じられるが、そういう先駆者の知恵も借りながら、もっと規模も大きく中長期的視点で取り組んでいく必要がある。

ＧＴＡとＪＲＰの経営統合やＪＡＦ、そしてほとんどのレースを主催し観客集めに苦労している各サーキットの三者が団結協力することで、今までとは違う今後の30年を見越したモータースポーツの第一歩が踏み出せると信じている。

多様化する時代に結果を出す

グローバルに人とヒトの物理的、精神的距離感がなくなり、スマートフォンの例にみられるように、人の仕事の仕方も楽しみ方も選択の幅が広がり、誰もが自由になっていく。加えてＡＩの進化や普及は、人の仕事や楽しみの範囲をどうなるか想像もつかない程に変えていく可能性がある。ということは人の考え方の多様化がますます進むということである。一部には極端に抵抗する動きもあるが、老若男女、宗教、イデオロギー、政治、地域、国を問わず、それぞれが心身ともに自由に解き放たれていく時代が迫っている。同じ日本人同士でも世代が違えば、宇宙人と会話しているのかと思う時もあるくらい文化や風習が違う。

「国の数だけ正義がある」というのは古い格言で、今は「人の数だけ正義がある」状態になっていくと言っても良い。

そういう時代に結果を出すとなると、今までのやり方が通用しないのではと不安になるが、いつの世でも変わらない普遍的な道理があると思っている。

それは、「今やるべき仕事をしっかりやる。それを誰かが必ず見ていると信じる」ということである。そして組織の場合そういう人が多いほど結果が出る。

①今やるべきことをしっかりやる。それは誰かが必ず見ている

まず思わねば何も始まらないから、一般的に人は皆、夢や希望を持って社会に出てくる。企業に入った場合、必ずしもその夢や希望に沿わない仕事に就く場合もある。いや、希望に沿う仕事に就ける場合の方が少ないであろう。そういう時に「夢や希望は失わず、今やるべき仕事をしっかりやる。それを誰かが必ず見てくれていて、いつかは報われる」と信じられれば、夢中になって仕事に没頭できる。要は部下は「足元の仕事をしっかりやる」、上司は「そういう部下の仕事を必ず見ている」ということが肝である。

企業は人材を大切な資産と考えていて、業績を上げるために人材の配置に気を配っている。ひとりひとりが持てる能力を100%発揮するのは、本人が望み、かつその能力に向いた仕事に就かせることであるから適材適所を心掛ける。従って人事評価の際には、いつも職種や配転先の希望を取ってできるだけ希望をかなえてやるようにしている。し

かし実際に異動させる際には今の仕事をしっかりやっているかをチェックする。いい加減な仕事振りでは希望職種に異動させても、そこでまともに仕事をするかどうかは分からないし、何よりもその仕事ぶりを知っている周りの人達のやる気を削いでしまう。だから希望する職種なり職場に異動したいなら、いかなる環境でも今の仕事をしっかりやることが必要である。またそれだけよく仕事をしていると上司は彼が抜けると困るからと、いつまでも囲っていたいものであるが、それでは上司の態度に落胆して他のメンバーのやる気を削ぐことになる。しっかりと公正に評価して配転にも応えてやることで、その組織が結果を出すことにつながる。

東海大学教授時代の就職学生の例で既述したが、「足元の仕事をしっかりやっていたら、モータースポーツ部署に配転になりました」と5年越しの夢を大手企業で実現した例など、複数の同様な報告を聞いている。

また女性として16年ぶりに厚生労働省事務次官になった村木厚子さんは、一時世間を騒がせた冤罪で拘置所暮らしを余儀なくされていたが、心を激しく揺さぶられる状況の中、「今やらねばならないことで、自分にできることをしっかりやる」という40年の仕事人生を支えてきたポリシーに従って手を講じ、無罪を勝ち取ったとのこと。

有名外資系企業の社長を数社経て、今資生堂の社長を務める魚谷雅彦さんは「志を高く持ちながら、日々のことをしっかりやり遂げることが志に到達する近道である」、「それは誰かが見ていて報いられる」をモットーにしてきて今があると言っている。

まさに我が意を得たり、である。

翻って我輩は上司としてはどうであったか？

そういう心積りでいたし、そう行動してきたつもりであるが、それは部下だった人が評価することだから、自分はそれに言及できる立場にはない。

②目的意識の共有と責任の自覚

今の仕事をしっかりやろうとしても、空転しては意味がない。「これは何のためにやるのか」を意識しなければ結果につながらない。またそこにひとりひとりの意識にズレが生じては全体としてはうまくいかない。従って深いところまで目的意識を共有したい。

些細なことだが例をふたつあげる。

レース用タイヤは温度80℃くらいが最もグリップ力を発揮する。しかしスーパーGTではタイヤウォーマーが禁止されているので、レースがスタートして温度が上がり切る2周目くらいまでは速く走れない。そこで可能な限り天日で温めておく。

大体2時間は天日にかざすので、太陽は時間と共に移動し温めるタイヤの面に温度のばらつきが出る。タイヤを天日にかざす目的を意識していれば、太陽の移動に合わせて定期的にタイヤの位置を調整して満遍なく温めるようにする。しかしこれを初めてやると、何のためにやるかの意識次第でただ天日にかざすだけの人と、キチンとプロセスを踏む人の違いが出てくる。このような個人差が出ないようにするのが、深いところまで目的意識を共有するということである。

2秒間の空白を有効利用する

2003年に安全対策を強化すべくスーパーGTの規則が変わり、ピット作業時にタイヤ交換と燃料補給を同時に行なえないようになった。ふたりでタイヤ4本を交換しなければならない中で、いかに燃料補給を含めた作業時間を短くするか、それこそ0・1秒を削る研究をピットワークスタッフが行なった。前輪2本を交換したタイヤマン2名が後輪側へ移動する2秒間が空白になるので、前輪交換終了と同時に燃料補給を開始し、その間に2名は後輪側に移動して燃料補給終了後に後輪の交換を行なう方式とした。こうすることで最短時間の無駄のないピットワークが可能となる。

迎えた2003年シーズンは、NISMOと数チームのみが開幕戦からその方式を採用し、他チームはビデオなどで他チームのピットワークを観察しているので、シーズン中盤に向けて全チームがこの方式になった。

2004年シーズンの開幕戦は、雨天のためにウェットタイヤでのスタートとなった。天候は急速に回復し路面も乾いてきたので、ドライタイヤに交換した方が速い。しかし序盤なのでこの時点でピットインさせても、ドライバーの義務周回数や燃料補給のために再度ピットインさせなくてはならない。そのロスタイムとドライタイヤで稼げるタイムを勘案し、ほぼ全チームが早めのピットインでドライタイヤへの交換を選択した。

他のチームがタイヤ交換だけを行なう中で、NISMOは前2輪交換後、後輪へ移動する2秒の間の1・5秒だけスプラッシュ（短時間）給油を行なった。2秒ギリギリではタイミング次第で作業違反のペナルティを課せられる可能性がある。これはこのピットストップではロスはなく、次のピットイン時に燃料補給が1・5秒少なくて済むことになる。そしてこのおかげで次のピットストップで競り合っていたライバルの前に出た。他チームはどうせ次のピットストップで燃料を入れなければならないから、今回はタイヤ交換だけで良いと思ったのだろう。

NISMOの方式は、「他の真似ではなく、実際にピット作業を行なうスタッフが研究して編み出したピット作業手順」であったから、「何のためにこの方式を採っているのか」を当然全員が意識していたから、臨機応変に咄嗟の判断ができた訳である。

この時、ＮＩＳＭＯは他を出し抜いたことで士気が上がり、ドライバーも戦意を高めたドライブで波乱のレースを制して総合優勝を飾った。レースは闘いであるから、精神面も含めて些細なことでもさまざまな要因が結果を左右するが、いつも「何のために」を意識して戦っている我がＮＩＳＭＯを誇らしく思う出来事である。

広く世の中に目を向けても、今目の前で行なわれている仕事のことを考えても、何事も分業で成り立っている。例えばユニクロはカジュアルウェアを作って売っている

2004年開幕戦岡山。＋1.5秒の給油が勝利につながった。

が、お巡りさんは別だし、日産は自動車を作って売っているが、魚は獲っていない。また同じ自動車会社でも企画、設計、製造、販売は別で、同じ設計でもエンジンとシャシーは分かれていて、エンジンも細かく言えば、ピストンリングを専門に設計している人もいる。このようにあらゆるモノ、システムが分業で成り立っている。そこでどこかのモノ或いはシステムが約束どおり機能しなかった場合破綻する。だから担当する分野の仕事の品質や納期に関する責任は極めて重いということを自覚しなければならない。

何のためにやるのかを常に意識し、その自分に課せられた責任を果たすべく、目の前の仕事をしっかりやることで結果は出る。それを継続することでその組織のポテンシャルを上がっていく。しかしそれを継続していくには、新約聖書マタイ福音書に「人はパンのみにて生きるものにあらず」と記されているように、人は実利と享楽でだけで生きるのではなく、精神的なよりどころも必要としている。上司たるものは部下の仕事ぶりをいつも正しく見ていて、夢や希望を叶えてやる覚悟をもつ必要がある。

③結果がすべての覚悟

ゴーンさんの流儀でも触れたが、多様な人達がひとつの目標に向かって成果を出していくには明確な、誤解の生まれない目標が必要である。先に述べたように日本人同士でも世代や育った環境が違えば宇宙人かと思う時もあるから、彼らにも誤解の生じない目標である。それは例えば数字でも良い。

数字のような場合、達成できたかできなかったかに曖昧さは一切なくはっきりと結果で現れる。このような場合冷酷な厳しい印象があるが、そこは関与する全員が「なぜその数字なのか」を納得していれば、問題はない。

そして結果がすべての覚悟が必要となる。結果より「一生懸命にやってきたというプロセスが大切」という言い方もあるが、それは「結果が出なかった時の言い訳」くらいに捉えた方が良い。ただし、人を育てるには敗者への配慮やプロセスも大切である。要は優先順位であり、結果、プロセスの順番だということである。

なぜなら、ヒトには情もある、お世話になれば恩義も生じる。放っておくとそういう義理と人情が湧き出てきて結果の評価が疎かになり、多様な人たちが結果を出すのを邪魔することになる。それはまた結果を出した人へ正しくない評価をすることになり、失礼で次につながらない

だから「結果がすべての覚悟」を決めるのである。義理と人情の日本人だからそこでバランスが取れる。

第10章

老兵は死なず、ただ戦場に立ち続けるのみ

自分自身の評価は難しい。周りから聞こえてくる声で判断せざるを得ないが、何を聞いても自分に都合の良いことだけ、ポジティブに捉える悪癖があるのでそれも怪しい。だから自分なりに無理やり長所を（ここにも悪癖が顔を出している）こじつけると、周りからは次のように見えているらしい。

「他人の意見はまずは受けとめて、咀嚼（そしゃく）してから自分の意見を言う」

「公私を問わず、何事も一生懸命にやる」

しかしヒトの評価は見る人や時代、その立場、ケースによって解釈は異なってくる。前者は「自分の主張が弱く、何事にも受け身である」と見えるだろうし、後者は「才能や能力に欠けるから、一生懸命にやらざるを得ない」とも言える。また前に述べた「鬼手仏心」という割には、優柔不断で、他人へは気を使いすぎ、反面、面倒見が悪いという声もある。

積極性は慎重さを欠き、消極的なのは事に当たって熟慮しているわけだから、どちらが良いとは言えない。このようにヒトの長所短所は表裏一体と見た方が良いから、東海大学学生の就職試験の指導では、「長所は短所であり、短所は長所でもあるから、自分の持てる能力と性格に自信を持て」というのを基本にしていた。

ヒトの人生は山あり谷あり、天・知・人に翻弄されるが、振り返ってみると今の姿は、誰もがそうであるように知らず知らずのうちに、自分のやりたいことを自分のやりたい方法でやってきた結果である。だから良い人生も悪い人生もない。

閑職の今、何やらふわふわしたニュートラルな時間が流れている。

ただ、上司にも、同僚にも、部下にも恵まれ、我輩を切磋琢磨させ闘争心を掻き立ててくれたライバル会社の面々にも恵まれるという「大吉の幸運」があった。

ここで多分他のヒトが気付いていない、自我の部分に触れたい。

高校生の時に福岡・博多での模擬試験を受けての帰路、列車の前席に座った仙人もどきのお坊さんと他愛のない話をしていたら、いきなり、「お前は将来○○○○になる。自信をもって生きなさい。注意すべきは後遺症の残る大怪我をしないことと、大病しないこと」と言い出した。「そんな先のことが分かる訳がない」と応えると、「お百姓は、苗の段階でこれが稲穂になった時の実り具合は分かる。わしは12歳から修行させられ、ず〜っとヒトを見てきたから分かる」と言われ、技術系の思考でも妙に腑に落ちた記憶がある。お坊さんの見立てどおりにはいかなかったが、時折思い出しては励みにし、大きな力となった。

また祖先や両親による血筋や幼少期の環境が、今の自分に大きな影響を与えているのは否めない。だから白状すると、勝負の世界に生きているのに神社での必勝祈願にはあまり積極的ではなく、墓参りに精を出していた。事前にお願いしても霊感や過去たちが助けてくれるわけはないが、終わったレースで下したさまざまな判断には、血筋や育った環境が影響しているのは事実なので、良かったこと悪かったことを合わせてお礼参りに精を出していたわけである。

「レース場の柿元は目が怖い」というのはある。我輩は見かけによらず意外にも、「猛烈な負けず嫌いで、フィジカル面でもメンタル面でも闘うのが大好き」という性格である。大学時代は、中学高校時代のサッカーで鍛えた蹴りを武器に空手道二段になり、結構強かった。ただ試合で同僚を傷つけたので、もう50年近く封印している。しかし事に臨んで平常心を保たせてくれているのはこの空手道二段の自信かもしれない。当時のレンガの試割の写真などを観ると右拳の古傷がうずく。

フルコンタクトの格闘技も、肉弾戦のラグビーも好きで良く観る。そして「勝つためには手段を問わなくなりがち」なのを抑えるのに苦労している。

モータースポーツは勝つためにやるのだが、常にライバルが存在し相手にも同じ命題がある。だから常に勝てるわけではないが、それでも勝ち続けることをファンや会社からは要求されている。従って表は華やかなモータースポーツも、闘っている時はヒリヒリした緊張感にさらされ、開発現場は「悪戦苦闘」、「不眠不休」の連続ということになる。しかしこのような他人には苦難と思えるようなことが、我輩はそれほど辛くはなく、むしろ闘う場に居る幸せの方が勝っていた。まさに天職に巡り合えたと言える。

太平洋戦争で連合国軍最高司令官を務め、戦後は占領軍総司令官として日本の復興に多大な貢献をしたダグラス・マッカーサー元帥は、アメリカ議会での退任のあいさつで、「老兵は死なず、ただ消え去るのみ」とスピーチをしたと言われる。

我輩は、これから公務としての仕事は終えても、「老兵は死なず、ただ戦場に立ち続けるのみ」という気概を持って生きていきたい。

おわりに

このたび「GT‐R戦記」を上梓することになった。

三栄書房の発行するモータースポーツ関連誌にここ十数年コラムを書いてきたことがきっかけとなった。

我輩のモノ書きはちょうど60歳の時、2005年発行の「レーシングオン」4月号から毎月4000字の「柿元邦彦のモータースポーツ概論」から始まった。出自は工学部機械工学科という武官であり、文官が良くするモノ書きには程遠い人間であった。

小学校高学年から強制的に新聞を読ませられていたので、一応文章や本には興味はあった。しかし生来の悪筆と遅筆はどうしてもモノを書くということから距離を置かせた。会社に入ったら報告書を書くのは重要で、当時は「文字は人格を表す」と言われていたから立身出世にも影響する。だからそれこそ必死でレポートを書いていた。プリンターもない時代だから配布するにはガリ版刷りにする必要があり、専門職のお姉さんに、「これ何と読むのよ?」としょっちゅう怒られていた。

そうこうするうちにワープロが出現し、パソコン時代に入った。これは、モノ書きの心はあるのに上手に書けない我輩のような者には「干天の慈雨」で、人生を救われた思いがした。

そしてそこそこのモノは書けるようになったが、「レーシングオン」誌のコラムは別物で、日頃から屁理屈はこねていても、毎月テーマを決めて原稿用紙10枚を埋めていくのは大変であった。声を掛けてくれた編集長の福江剛司氏には締め切りや、文章指導で根気よく対応していただき、5年間連載が続いた。

かつて日本経済新聞で、人類が生み出した世界最高の発明は何かという特集を組んで選ばれたのが、15世紀に発明されたグーテンベルグの活版印刷機であった。それまで筆写することしかできなかった書物が大量に印刷できるので、知識や情報が広く一般に行き渡るようになり、ルネッサンスの文化、文明に始まる現代社会の発展に大いに貢献したという理由である。

このように文字や言葉は人類にとってとても重要で、我輩のモノ書きも苦行の一方で、頭を整理し、深く考え、正しく表現する力をつけてくれた。それは日産やニスモの刊行物やホームページ、「オートスポーツ」誌へのコラム掲載等へ発展していった。これは何も書くことだけではなく、我輩の精神的、知的成長も促すもので2008年からの東海大学工学部教授職へもつながり、また日産系スーパーGTチーム総監督の仕事をキチンとやり遂げるのにも役立った。

今もさまざまなことに思いを馳せ頭はグルグルと巡っているが、病的な目眩ならクルクル回るだろうから、いい意味で回っているのだろう。

そういう中で、一緒に戦ってきた先輩や同輩、後輩はもちろんであるが、今までお世話になった直接の上司の方々の顔がご存命かどうかに関わらず、走馬灯のように表れては消える。本文で触れた難波靖治さんや若林隆さん、林義正教授の他に野口隆弥さんや、ニスモ歴代社長の安達二郎さん、佐々木健一さん、真田裕一さん、宮谷正一さん、片桐隆夫さんのお歴々である。やはり今があるのは「一生懸命にやっている我輩を見ていてくれた上司がいた」からとしか言いようがない。
なお、本書を出版するにあたり皆越氏、三栄書房のありとみ氏にご尽力いただきました。ここに厚くお礼申しあげます。

2017年11月

柿元邦彦

柿元邦彦

Kunihiko Kakimoto

著者紹介

1945年鹿児島生まれ。鹿児島大学工学部機械工学科卒業後、日産自動車に入社。モータースポーツを担当する特殊車両部にて、ラリー・レース仕様エンジンや車両開発に従事。世界ラリー選手権のサファリラリー、RACラリー、1000湖ラリー等にエンジニアやマネージャーとして参戦。その後ニスモ(ニッサンモータースポーツインターナショナル㈱）へ出向、日産の次長、部長を経て再びニスモへ転籍。2004年～2015年ニッサン系レーシングチームの総監督を務めル・マン24時間レース総合3位、スーパーGTのシリーズチャンピオン獲得率5割の実績を残す。この間2008年から東海大学工学部教授も兼務し、日本自動車連盟や自動車技術会でモータースポーツ行政に関わる要職にも就いた。2008年にニスモ常務取締役を退任しスーパーバイザーを経て現在アンバサダーを務める。

2017年12月1日　初版　第1刷発行

著者　柿元邦彦
編集　有冨誠一郎／皆越和也
装丁　稲垣　聡／小林悠佑（装丁写真）
DTP　樋口義憲
写真　日産自動車／ニスモ／皆越和也／三栄書房

発行人　鈴木 賢志
編集人　有冨誠一郎
発行元　株式会社三栄書房
〒160-8461 東京都新宿区新宿6-27-30
新宿イーストサイドスクエア7F
TEL：03-6897-4611（販売部）
TEL：048-988-6011（受注センター）
TEL：03-6897-4801（編集部）

印刷製本所　図書印刷株式会社

ISBN 978-4-7796-3464-2